외국인 학습자를 위한

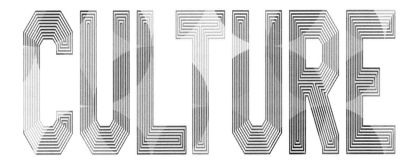

KOREAN 한국문화교실 CULTURE

박경우 · 조인옥 저

보고사
BOGOSA

서문

　이 교재는 한국 현대문화를 공부하는 외국인 학습자, 문화강의를 담당한 한국인 예비교사와 현직 교수 그리고 한국문화 전파에 관심 있는 독자들을 위해 제작되었다. 이 교재의 내용 선별이나 구성은 저자들의 한국문화 교육 현장 경험과 문화이론 연구의 성과이며, 그간 저자들의 한국문화 강좌 및 한국어 수업을 수강했던 수백 명의 외국인 학습자들을 대상으로 한 강의설문조사와 피드백들로부터 도출한 최적의 강의안이기도 하다.

　이 교재에서 외국인 학습자 대상 한국 현대문화의 내용으로 확정한 주제들은 철저히 수용자 중심으로 이루어졌으며, 교육현장에서 외국인 학습자들이 가장 빈번하게 묻고 토론하던 주제들을 선별한 것이다. 기존의 외국인 대상 한국문화 교육 서적이 주제를 다루는 방식은 한국인 교수자가 중요하다고 생각하는 것을 일방적으로 설명하는 포맷이어서 그 내용 중 상당 부분은 외국인 학습자의 관심사가 아닌 것들이 있었다. 말하자면 궁금해하지 않고 관심도 없는 내용을 '한국문화'라는 이름으로 교수 내용에 포함시켰던 것이다.

　문화에 대한 외국인 학습자의 관심은 대개 한국어를 더 잘 배우기 위한 동기에서 연유한다. 문화 강의가 중요한 이유가 바로 여기에 있는데, 잘못 설계된 문화강의는 한국문화에 대한 흥미를 잃게 하고 이는 한국어를 더 깊이 있게 배우고자 하는 본래의 동기를 약화시킬 우려가 있다. 더 나아가 한국 유학 경험이 있는 외국인 학습자 중 상당수가 반한 감정을 가지고 있다는 뉴스는 한국어교육에서 문화 교육이 차지하는 무게를 가늠하게 한다.

이 교재에서는 문화 주제들을 이끌어 가는 사람으로 외국인 학습 자를 설정했다. 묻지 않는 것들에 대해서는 저자들이 아무리 중요하 다고 생각하는 한국문화라고 해도 일부러 대답하지 않았다. 그보다 외국인 학습자들이 궁금해하는 것에 대해서는 '정보'를 주고자 하였 고, 문제라고 생각하는 것들에 대해서는 '해명'하려고 노력했다. 또 한 문화교육을 담당하는 교수자들이 교실에서 곧바로 활용할 수 있 는 '학습 활동'을 주제별로 만들어 제공함으로써 문화 강의와 후속 활동이 유기적으로 이루어질 수 있도록 하였다.

각 장의 앞부분에 제공되는 '이런 말들이 중요해요' 코너는 교수 자나 학습자들이 알아야 할 단어들을 키워드 네트워크로 구현한 것 이다. 수업 전에 이 단어들을 미리 수강생들에게 환기함으로써 이어 지는 강의의 청취력과 이해력을 제고할 수 있도록 설계한 것이다.

문화강의의 효율성을 높이기 위해서는 매체활용이 필수인데, 이 교재에서는 관련 자료들을 QR코드로 제공했다. 스마트폰을 이용해 QR코드에 접속하면 읽고 있는 내용과 관련된 동영상 자료나 기사를 바로 볼 수 있다.

또한 부록으로 예비교사들이 각자의 교수 상황에 맞는 한국 문화 강의를 설계할 수 있는 지침을 제공하고 있다. 이는 저자들이 10여 년의 한국문화 교육 경험으로부터 끌어낸 실질적인 문화 교육 팁이 될 것이다.

저자들은 이 교재에 한국문화가 가장 이상적으로 전달되는 한국문화교실을 구현하려고 노력했다. 매 장마다 외국인 학습자는 묻고, 교수자는 대답한다. 이어지는 재미있는 문화활동들은 외국인 학습자들의 한국문화에 대한 이해뿐만 아니라 한국어 실력도 끌어올릴 것이다.

교재 내용 중 어떤 주장들은 저자들의 가치관이나 문화현상에 대한 판단이라기보다는 문화 현상에 대한 교육적 해명을 위한 방법론적 설정일 뿐이다. 실제 교실수업에서는 이를 비판하거나 수용하는 등 다양한 방식으로 변용되기를 기대했다. 지면과 저자들의 역량의 한계로 제대로 기술하지 못한 부분에 대해서는 독자들의 넓은 이해를 구하지 않을 수 없다.

한국문화 교재를 내기로 마음먹게 된 것은 그간 마땅한 교재 없이 한국문화를 수강했던 수많은 외국인 학생들이 떠올랐기 때문이다. 앞으로도 많은 외국인 학습자들이 한국문화를 배우려 할 것이고 선생님들은 가르쳐야 한다. 그간의 교육 경험을 담은 강의안을 나누는 것이 필요하다고 느꼈다. 어쩌면 이 교재의 진정한 저자들은 수없이 많은 질문과 불평을 해주었던 외국인 학생들이다.

서문을 빌어 저자들이 학문적으로 빚진 국·내외의 선후배, 동료교수님들, 저자들이 사랑하는 세계 각지의 외국인 제자들과 이 교재의 출판을 흔쾌히 수락해 주신 김홍국 사장님께 감사의 마음을 전한다.

2016.7.22.
박경우, 조인옥

차 례

제1강 **공부의 기술을 익히자** - 대학 문화 ①

제2강 대학이 너희를 자유케 하리라 – 대학 문화 ②

제3강 가족인 듯 가족 아닌 가족 같은 너 – 직장 문화

제4강 스타도 공장에서 만드나요? - 방송 문화

제5강 **우리가 남이가?** - 인터넷과 SNS 문화

제6강 **맛있게 맵게 火** - 음식 문화

부록 외국인 대상 문화 강의의 원리와 실제

제1강
공부의 기술을 익히자
대학 문화 ①

 마이클(대학 1년)이 궁금한 점 ─────────

> ※ 한국 대학의 학술 기준은 국제적인가요?
> ※ A⁺를 받을 수 있는 학술 보고서는 어떻게
>   써요?
> ※ 유학생으로서 꼭 갖추어야 할 학술적 역량은
>   무엇이죠?

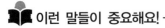

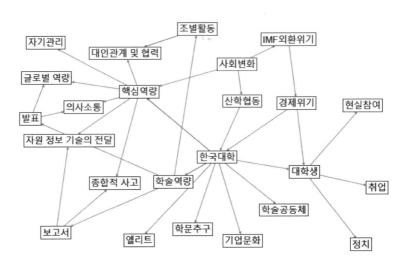

한국 대학의 특징이 뭐예요?

대학에 진정한 대학문화가 있는가? 이에 대한 반성과 성찰이 대학과 사회공동체 내에서 지속적으로 이루어져 왔으나, 한국 대학 문화는 전반적으로 근대학술적 양상에서 정치적인 양상으로, 다시 기업문화적 양상으로 변화해왔다.

한국의 초창기 대학의 모습은 근대 학문의 산실로서 그 시대의 엘리트를 양성하는 곳이었다. 일제강점기라는 특수한 상황 하에서 대학생들의 정치 참여는 원칙적으로 금지되어 있었고, 대학은 순수학문만을 다루는 곳이었다. 해방 후 사회적 변혁을 겪으며 대학은 정치적이며 사회적 투쟁의 장이 되어갔다. 지성인들의 현실 참여라는 긍정적인 측면에도 불구하고, 대학의 본원적인 기능인 학문 추구를 주장하며 대학생들의 정치 참여를 부정적으로 보는 사람들도 있었다. 90년대 초에는 대학의 폭력적인 집회 문화를 근절하고 대학 문화를 개혁하자는 움직임도 있었다. 하지만 정작 이러한 변화를 이끌어낸 것은 정치권이나 대학공동체의 자성보다는 경제적 위기라는 현실 문제였다. 1997년 IMF 경제 위기로 인해 한국 대학생들은 더이상 사회적 문제에 대한 관심을 갖기보다는 취업에 주목하였다. 한국 대학 역시 미국 대학의 친기업적 모델을 수용하여 '산학협력 체제'를 통한 대학의 기업화를 가속화시켜 나갔다.

이런 현상에 대해 대학과 대학생 그리고 기업의 공존/공생 관계는 대학 본연의 학문 추구 기능을 훼손하고 이윤을 학술적 가치보다 우위에 두게 되었다는 비판도 있지만, 이를 시대적 변화에 따른 패러다임의 변화로 보고 대학공동체가 시대의 변화에 적절히 대응해야 한다는 시각도 있다.

대학문화는 두 개의 장으로 나누어 고찰하되, 1강에서는 먼저 대학생의 학술역량과 관련된 주제를 알아보고, 2강에서는 대학 생활을 이루는 여러 요소들을 살펴본다.

　　한국 대학에서의 대학생 학술활동은 주로 발표와 보고서 및 조별활동으로 이루어진다. 과거 초·중등교육에서 이루어졌던 주입식 교육을 벗어나 현재는 공교육 전반에서 자기주도적 교육 방식이 도입되고 있어서 학생들의 자율적 학술역량은 매우 중요한 교육가치가 되었다.

　　대학에서는 중간고사와 기말고사를 주요 평가요소로 두고 있지만, 수시평가나 수업 참여도도 중요한 평가요소로 설정하는 교수자들도 많아서 발표와 조별활동이 수업에서 많이 활용되고 있다. 일부 해외 대학에서는 중간고사 제도가 없이 기말고사만으로 평가하거나 발표·조별활동 같은 학생 참여 기회를 주지 않는 경우도 있어서 외국인 유학생들은 한국대학에 적응하는 데에 시행착오를 겪기도 한다.

　　한국 대학생들에게 요구되는 학술활동의 수준이 해외유학생들이 따라가야 할 국제적 표준에 부합하는가에 대해 확인할 필요가 있다. 한국 대학에서는 대학생들의 핵심역량을 키우기 위한 교육 목표와 교육 방안들을 지속적으로 모색해왔다. 핵심역량은 포괄적으로 개인이 성공하고 국가 및 사회가 발전하는 데 필요한 기본적이며 필수적인 능력을 의미한다. 대학생들의 핵심역량은 성공적인 대학생, 성인으로서의 사회인, 미래 전문직업인으로서 살기 위해 갖추어야 하는 능력이라 할 수 있다. 대학생들의 진로 개발 지원 및 대학의 교육역량 강화를 지원하기 위해 개발된 대학생 핵심역량 모형은 다음 표와 같다.

K-CESA[*] 대학생 핵심역량 모형

핵심역량	세부 역량 내용
의사소통	듣기
	토론과 조정
	읽기
	쓰기
	말하기
자원·정보·기술의 처리 및 활용	내용영역 : 자원, 정보 기술
	수행요소 : 수집, 분석, 활용
종합적 사고력	평가적 사고
	대안적 사고
	추론적 사고
	분석적 사고
글로벌 역량	외국어 능력
	글로벌 환경에 대한 노출
	다문화 이해

대인 관계 및 협력	정서적 유대
	협력
	리더십
	조직에 대한 이해
자기 관리	자기주도적 학습능력
	목표지향적 계획수립 능력
	직업의식
	정서적 자기조절

* 교육과학기술부와 한국직업능력개발원이 개발한 대학생 핵심역량진단 도구임.

대학에서 대학생들에게 요구하는 다양한 역량들은 수업 준비 전·후 활동은 물론이고 수업 외 활동에 걸쳐 있다. 이는 예비사회인으로서 한국 사회가 대학생들에게 요구하는 역량들이기도 하기 때문에 한국 대학생들은 4년 동안의 대학 생활 동안 자기 역량을 개발시키기 위해 노력하게 된다. 학술활동 중 전공지식(자원·정보·기술의 처리 및 활용)뿐 아니라 조별활동을 통한 대인 관계 및 협력 역량, 의사소통 역량을 진작시키고 보고서는 종합적 사고 역량을 제고하는 핵심 요소가 되며, 발표 역시 의사소통 역량과 글로벌 역량을 키울 수 있는 중요한 학습 방법이다.

대학생 핵심역량에 대한 한국 대학들의 요구는 세계 대학들의 연구 및 교육 정책과 일치하는 것이며, 세계적인 수준의 대학으로 발전시키기 위한 노력들이기 때문에 현재 한국 대학에서 대학생들에게 요구하는 학술 수준은 범세계적인 것이라 할 수 있다. 외국인 유학생 역시 한국 대학의 학술 문화를 통해 자신들의 학문 역량을 제고할 수 있을 것이다.

학술 보고서의 내용은 무엇이며 한국 대학생들은 어떤 노력을 하고 있지요?

한국 대학에서 요구하는 학술 보고서는 어떤 모습이며 이런 보고서를 작성하기 위해서 한국 대학생들은 어떤 노력을 하고 있는지 살펴보겠다. 학부 차원에서 요구하는 보고서의 내용은 다음과 같다.

학술 보고서의 분석 기준

범주	세부 항목
예상 독자와의 상호작용	• 독자(담당 교수)의 보고서 부과 의도를 파악하고, 이를 보고서에 반영하였는가? • 독자의 지적 흥미를 유도하고 있는가? • 독자가 의문을 제기하거나 보충설명을 원할 만한 부분에 충분한 해명과 설명을 하고 있는가?
내용 생성	• 다루는 주제가 명확하고 일관된 것인가? • 소주제문들을 뒷받침하는 내용이 타당하고 충분한가? • 자신만의 독창적 관점이나 지식이 반영되었는가?

글의 흐름	· 보고서의 제목은 주제를 잘 드러내고 있는가? · 논리 전개에 있어서 서론, 본론, 결론이 분명하며 적절한 분량으로 나누었는가? · 각 단락은 기능적으로 적절히 나누어져 단락 내 응집성과 단락 간의 연결을 모두 확보하였는가? · 뒷받침 문장들은 객관적인 자료로서 소주제문을 충분히 지지할 만한가?
형식과 표현	· 요구하는 보고서의 유형과 형식에 맞게 보고서를 작성하였는가? · 문어체의 격식을 갖추고 한글 맞춤법을 제대로 지키고 있는가?
자료 인용	· 인용된 자료는 신뢰할 만한가? · 자료의 출처를 적절하게 밝히고 있는가? · 자료를 인용하는 방식은 타당한가?

　크게 보면 '예상 독자와의 상호 작용', '지식 구성', '자료 인용'으로 나눌 수 있는데, 가장 먼저 독자 분석을 통해 독자의 수준에 맞는 주제와 내용을 설계하되 자신의 독창적인 관점이 반영되어야 한다. 지식 구성은 자원과 정보를 정확하고 논리적으로 조직·기술할 뿐만 아니라 자신의 독창적 지식이 들어가 있어야 하며, 자료 인용이 적절해야 한다. 이런 보고서를 쓰는 일은 사실상 '계획하기-자료수집하기-구성하기-집필하기-퇴고하기'의 과정을 거치게 되는데, 이 과정에서 '도서 정보 검색하기, 자료 읽고 분석하기, 비판적 수용과 독창적 관점의 수립, 논리적인 구성, 각주 및 참고문헌 달기, 퇴고하기'의 세부 과정이 수반되어야 한다.

보고서를 쓰기 위해 밤을 새운다는 것은 대학생이면 누구나 겪게 되는 경험이다. 컴퓨터 워드프로세서로 보고서를 작성하기 시작했던 80년대 후반부터는 작성하던 보고서가 컴퓨터 오작동이나 사용자의 미숙으로 갑자기 없어져버려 며칠 동안 고생했던 결과물을 한순간에 날려버리는 일도 있었다. 이런 경험을 몇 번 겪은 학생들은 여러 경로로 파일들을 저장해 놓기도 하고, 반대로 선배가 제출했던 보고서를 재활용하는 양심 불량의 학생도 있었다. 90년대 중반에는 보고서를 공유하는 인터넷사이트가 나타나 성업할 정도로 보고서 작성은 대학생들에게 큰 스트레스를 주는 것이 사실이다. 이런 점 때문에 대학 학보에서는 좋은 보고서를 작성하는 방법이 실리기도 하고, 대학 당국에서 우수 보고서 사례집을 발간하여 학생들에게 배포하기도 하였다. 또한 저작권 개념이 확산되지 않았던 2000년대 초까지는 학생들이 출처를 밝히지 않고 다른 연구자들의 논문을 베끼는 일들이 많아 문제가 되기도 했었다.

현재 한국 대학에서는 학생들의 보고서 및 논문에 대해 표절검사 프로그램을 이용한 검증을 실시하기도 하고, 표절방지 교육을 실시하여 표절에 대한 인식을 제고하고 있다.

K-MOOC
글쓰기 강좌1

K-MOOC
글쓰기 강좌2

현재 한국 대학들은 글쓰기 교육을 강화하여 〈글쓰기〉를 정규 교양과목으로 개설하고 있으며, 특히 학술적 글쓰기를 핵심교육 역량으로 삼고 있다. 학생들의 좋은 보고서 작성을 위해, 온라인을 이용한 우수 보고서 배포, 표절 방지 교육, 도서관 정보검색 교육, 글쓰기 교실 등의 프로그램을 제공한다. 좋은 보고서를 쓰기 위해서는 학술 자료 찾는 법 / 효과적인 요약과 논평, 인용 / 학술 논문에서 서론 쓰기 / 사회과학연구와 연구 질문 만들기 / 인터뷰 글쓰기 / 과학 글쓰기의 중요성 / 실험보고서 / 정직한 글쓰기와 표절의 예방 / 외국인 및 재외국민 학생을 위한 학문 목적 한국어 쓰기 / 창의적인 감상문 작성법 / 생각 있는 서평 쓰기 등 다양한 글쓰기 훈련이 필요하다. 외국인 학생들이 한글 보고서를 쓰기 위해서는 먼저 한국어 글쓰기의 특성을 이해하고, 대학에서의 학술적 글쓰기에 대해 공부해야 한다. 여기서는 오픈형 무료 온라인 강좌(K-MOOC)의 글쓰기의 강좌들을 소개하는 것으로 대신한다.

조별 활동은 얼마나 중요한가요?

　보고서가 개인적 학술 활동으로서 학술자료와 주제를 다루는 학생 개인의 역량과 관련된다면, 조별 활동은 협업 학술 활동으로서 다양한 관점을 통합하고 조절해야 한다.

　조별 활동은 협업을 통해 과제를 완수하는 과정에서 조원들 간에 토론과 조정이 포함되며 각자 맡은 역할을 충실히 수행함으로써 교수자가 설계한 교육 목표에 도달하게 하는 교육 활동이다. 조별 활동이 교육 방식으로 적극적으로 채택된 것은 2000년대 초반이다. 그 이전까지는 교수자가 강의를 통해 교육하는 것이 일반적이었으나 학문의 발전이 개인보다 공동연구에 의해 더 잘 이루어진다는 인식의 변화로 인해 학생들은 한 학기에 적어도 1회에서 많게는 3~4개의 이상의 조별 활동을 수행하고 있다.

조별 활동은 어디에서 해요?

　대학 수업에서 조별 활동이 강조됨에 따라 조별 활동을 할 수 있는 대학 내 공간 문제가 제기되기도 하고, 학교 밖의 공간을 찾아 학생들이 카페로 모이게 되면서 학교 주변에 카페가 많이 생기게 되었다. 80~90년대의 어두컴컴하고 폐쇄적인 다방의 분위기에서 벗

어나 유리벽으로 둘러싸인 실내에서 여러 학생들이 자신들의 생각을 자유롭게 토론할 수 있는 개방적 스타일의 카페가 인기가 많아졌다. 조별 활동이 더욱 활성화된 2010년대 대학가 곳곳에는 커피숍과 모임 자리를 대여하는 비즈니스도 성업 중이다.

조별 활동에는 조 발표나 조별 토론도 포함된다. 보통 2~8명이 한 조가 되는데, 이 과정에서 중요한 것은 리더의 역할이다. 조별 활동의 성패를 가르는 요소에 대해 설문한 결과, 조장(리더)이 중요하다고 응답한 학생들이 가장 많았다. 그러나 '리더가 누구냐'가 중요하다기보다는 조원들 중에 '리더십이 있는 조원이 얼마나 있는가'가 훨씬 중요하다. 여기에서 리더십을 구성하는 요소는 부과된 과업에 대해 '계획과 조직화' 역량(조별 과제 완수를 위해 계획을 수립한다), '문제 해결' 역량(문제에 대한 해결방안을 개발한다), '조원에 대한 지원과 배려' 역량(도움이 필요한 팀 구성원에게 지원을 제공한다), '관계 개발과 멘토링' 역량(조원들 간 관련된 경험과 조언을 공유한다)이다.

이러한 조별 활동을 위해 최근에는 SNS를 적극 이용하기도 한다. SNS 커뮤니티를 이용한 가상공간에서의 조별 활동은 물리적 공간의 한계를 극복하고 여러 사람들의 생각을 동시에 펼칠 수 있으며 디지털데이터화된 학술 정보들을 효율적으로 공유하며 조별 보고서나 발표를 준비할 수 있게 한다. 디지털 기록으로 남게 되는 조별 활동 과정은 교수자의 평가 후에 부족했던 조별 활동을 점검해 볼 수도 있어 매우 유용하다.

조별 활동이 주로 교실 밖에서 이루어지는 것에 비해, 발표는 수업의 과정으로 진행되며 발표자가 수업에 기여하는 측면이 강하기 때문에 평가에서도 대개 높은 배점을 차지한다. 발표 자료는 PPT, 워드파일을 이용하는 경우가 많다. 글로 제출하는 보고서와 달리 말로 현장에서 진행하기 때문에 연습이 많이 필요하고, 과도하게 긴장하지 않도록 마인드컨트롤이 필요하다. 학생들은 보다 돋보이는 프레젠테이션을 위해서 동영상이나 화려한 애니메이션 효과를 PPT에 넣기도 하고, 정장 차림의 깔끔한 모습으로 발표하기도 한다. 발표 후에는 질의·응답이 이어지며 이 과정에서 주제에 대해서 얼마나 깊이 있게 연구했는지가 드러나기 때문에 발표 자체보다 준비 과정이 더 중요하게 작용할 경우도 많다.

발표는 외국인 학생들이 가장 어렵게 생각하는 부분이다. 외국어인 한국어로 발표하는 것이므로 의사소통에 있어서 문제가 있는 것은 당연하겠지만, 그보다는 한국 대학에서 발표자에게 요구하는 '자신의 관점과 비판적 시각의 제시'에 대해 대부분의 외국인 학생들이 중요하게 생각하지 못하고 있는 문제가 가장 크다. 한국 대학생들은 자신들의 정부와 대통령에 대해서도 냉철하게 비판할 정도로 객관적 평가와 토론에 대해 익숙하다. 이에 비해 중국에서는 자신보다 큰 권력을 가지고 있는 대상에 대해서 비판하는 것은 상상하지 못할 일이다. 중국 대학은 아직도 교수자가 교단에 앉아 책을 해설하는 방식으로 수업을 진행하고 있으며 자유로운 토론이나 비평은 잘 이루어지지 않는다. 한편 서양권 대학의 경우에는 훨씬 자유롭게 비판이 허용되기 때문에 외국인 학생들의 발표와 토론의 개념과 경험은 천차만별이다.

학습 활동	

가 보고 싶은 한국 대학 이야기하기

① 가고 싶은 한국 대학(한국 대학 진학이 목표인 학습자) 또는 가 보고 싶은 대학에 대해 각자 이야기한다.

② 인터넷을 이용해서 선택한 대학에 대하여 조사한다.
 -대학의 위치, 역사, 상징물, 특징
 -대학 캠퍼스, 전공, 식당, 도서관, 학생회관 등
 -대학 관련 인물(역사적 인물, 유명인, 연예인, 주변 인 등)
 -해당 대학을 선택한 구체적인 이유
 -대학 사진

③ 내용을 정리해서 인쇄물 또는 PPT로 발표한다.

④ 내용에 대해 질의응답 시간을 갖는다.

⑤ 대학 사진을 교실 벽에 붙여 놓는다.

★ 조사
★ 발표
★ 문화 섬

✔ 전체활동
✔ 개인활동

3분 발표하기(1~2주 준비시간 소요) ① 한국과 관련된 관심 주제를 하나씩 선정한다.(교사는 발표 주제로 적절한지 확인해 준다)	★ 조사 ★ 발표
② 학생들의 발표 순서를 정하고(제비뽑기 등), 발표 순서, 발표자, 주제를 표에 써서 교실에 게시해 놓는다. ③ 주제에 대하여 자료를 찾아서 내용을 준비하도록 한다. ④ 내용에 대한 개요(도식)를 써 오도록 하고 교사가 확인해 준다. ⑤ 내용을 정리해서 인쇄물 또는 PPT로 발표한다. ⑥ 내용에 대해 질의응답 시간을 갖고, 교사는 내용에 수정할 사항이 있으면 보충 설명을 해 준다.	✔ 전체활동 ✔ 개인활동

제2강
대학이 너희를 자유케 하리라
대학 문화 ②

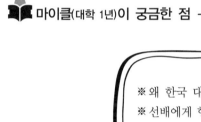

마이클(대학 1년)이 궁금한 점 ─────────────

※ 왜 한국 대학에서는 엠티를 가요?
※ 선배에게 항상 존댓말을 하고 선배가 시키는
　 대로 하는 것은 좋은 것인가요?
※ 한국의 대학거리 문화가 궁금해요.

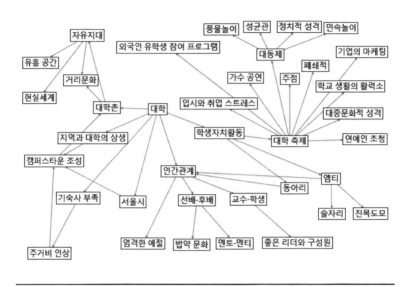

한국 대학에서의 인간관계는 좀 엄격한 편이라던데, 언제부터 그런 문화가 있었죠?

학교 내 교수-학생, 선배-후배 및 동료와의 관계는 매우 중요하다. 선생과 제자, 선배와 후배 간의 *끈끈한* 관계는 한국 문화의 특징이다.

이는 군사부일체라는 전통적인 관념과 중세 관료 사회의 선배 예우 관습이 바탕이 되어 있다. 고려시대에 과거제가 도입되면서 관리로 등용되는 것이 천거가 아닌 시험에 의해 이루어졌다. 음서제나 천거로 인해 관리가 된 경우에는 자신의 등용은 부친의 신분이나 자신의 능력 때문이었기 때문에 관직에 나아간 후에 선후배의 개념이 크지 않았으나, 과거제가 실시되고 시험문제를 낸 관리가 채점을 통해 순위별로 합격자를 결정하게 되면서 관리가 된 이들은

멘토-멘티로
만나는 대학
선후배

그 해 시험문제를 출제한 관리를 평생의 스승으로 모시는 예를 올리고(좌주문생연座主門生宴), 선배들에게는 허참면신지례(許參免新之禮)를 통과해야 동료로서 대접받을 수 있었다. 이런 분위기에서 불려졌던 노래가 바로 경기체가 〈한림별곡(翰林別曲)〉이었다. 그 이후 선생과 제자, 선배와 후배 사이에는 엄격한 예절 관습이 있었고 이를 통해 출세와 정치 행위를 하게 되었으니 선배와 후배 간의 끈끈한 정은 현재 학연 또는 지연이라는 모습으로 유전되었다.

한국 대학생들에게 선배와 후배의 개념은 다른 나라 대학생들에 비해 강한 편이다. 미국처럼 넓은 나라에서는 졸업 후 다시 한 지역이나 회사에서 만날 가능성이 높지 않은 반면, 한국은 영토가 좁고 수도권에 취업 희망 회사가 밀집해 있을 뿐만 아니라, 창업보다는 취업을 원하는 학생들이 많기 때문에 졸업 후 직장에서도 다시 선배와 후배 관계로 만날 가능성이 높다. 그래서 선배와 후배로서 좋은 관계를 만드는 것은 서로의 좋은 미래를 위해 필수적이라고 할 수 있다. 최근에는 대학 측에서 학업 중심의 멘토와 멘티라는 관계를 설정하여 건전한 선후배 관계를 유도하기도 한다.

80~90년대 학번까지는 선배는 군대의 고참과 같은 지위에 있어서 후배는 선배의 말이면 무조건 복종해야 한다는 문화가 있었다.

하지만 2000년대에 들어서 그런 권위적인 모습을 보이는 선배는 오히려 후배들에게 왕따 당하는 현상까지 생겼다. 예전보다 평등한 인간관계를 지향한다는 점에서 개선되었다고 볼 수 있으나 좋은 관계를 만드는 것은 어느 한쪽이 아니라 쌍방의 노력이므로 이 점을 주목할 필요가 있다.

요즘도 무서운 선배들이 많나요?

전통적으로 선배와 후배의 관계는 엄격한 편이었기 때문에 현대의 한국 대학에서도 선배들을 어려워하는 분위기가 지속되어 온 것이 사실이다. 2010년대 신문(충청투데이, 2012년 9월 12일자)에서는 대학의 선·후배 문화가 달라지고 있다고 보도하고 있다. D대학 학생 230명을 대상으로 한 설문조사에서 선배들은 '사소한 일로 화내는 후배가 싫다'(46.5%)고 응답했고, 후배들은 '약점 붙잡고 놀리는 선배가 싫다'(24%)고 했다. 후배가 선배에게 사소한 일로 화를 낸다는 것은 그만큼 선·후배 간의 관계가 예전에 비해서 평등해졌다는 것을 의미한다.

변화하는
선후배관계

이런 불만은 선배와 후배가 의식적으로 서로에게 가까워지려는 노력에서 나온 것이기에 큰 문제라는 생각은 들지 않는다. 다만 이런 현상을 통해 현재 한국 대학의 선배와 후배가 자연스럽게 만나고 헤어지는 관계가 아니라, 사회적 연줄로 이미 얽혀 있어서 어떻게든 좋은 관계를 만들어내야 한다는 강박관념도 엿볼 수 있다.

선후배 간
밥약 문화

이런 강박이 잘 드러난 것이 '밥약' 문화다. '밥약'은 '밥 약속'의 준말로서, 갓 입학한 신입생들에게 선배들이 밥을 사주며 친분을 쌓는 대학 문화인데, 상당한 비용을 지출할 수 있는 식사 약속이 자발적이라기보다는 관습과 전통이라는 타율성에서 나온 것이기에 선배나 후배 모두에게 부담으로 작용하기도 한다. 2015년 4월 10일자 〈헤럴드경제〉에서는 '각박한 대학가… 선후배 '밥약' 문화도 예전 같지 않네'라는 제목으로 밥약 문화에 대해서 다루었는데, '밥약이 새내기의 특권'처럼 인식되고 있으며 주머니 사정이 나쁜 선배들의 경우 밥약 때문에 스트레스를 받는다는 내용이다. 한국 사회에서 '밥 한번 먹자'라는 말이 가지는 사회적 의미는 인간관계를 돈독하게 하자는 것이므로, 대학 신입생들이 선배와 맺는 인간관계의 방식도 같이 운동을 하거나 커피를 마시는 것보다는 '밥약'일 수밖에 없다.

80~90년대의 엄격하고 수직적인 선·후배 문화에 비해, 지금의 선·후배 관계는 보다 수평적이다. 취업 상황으로만 보더라도 80~90년대에는 대학 졸업 후 취업은 2000년대만큼 어렵지 않았다. 특별한 스펙이 없더라도 대학 졸업장만으로 취업이 잘 되는 시기였으니, 대학 자체가 학생 개인에게 미치는 의미가 컸다. 하지만 1997년 외환위기 이후에는 대학 졸업장만으로는 취업 경쟁에서 불리하게 되면서, 대학생들은 해외 어학연수, 외국어자격증, 기술자격증, 국가고시, 각종 공모전 응모 등 개인적인 노력을 통해 취업 경쟁에 대비하고 있다.

대학 입학만으로는 취업이나 사회적 성공이 보장되지 않고, 4년의 대학생활 동안의 개개인의 노력이 요구되는 상황에서 대학 졸업 후 취업 상황은 선배라고 해서 더 나을 것이 없다. 오히려 후배들이 먼저 취업에 성공하기도 하여 직장 내에서 선배와 후배의 관계가 역전되기도 한다. '한번 선배는 영원한 선배'일 수가 없는 사회 구조가 되었다.

밥약이 선배는 선배 노릇을 해야 한다는 강박관념을 드러내는 현상이기는 하지만, 인간적 유대를 긴밀하게 만든다는 긍정적 요소가 있다. 밥약도 하나의 전통으로 인식되고 있을만큼 선배와 후배 사이에는 어떤 구분이 있어야 한다는 의식이 분명히 존재한다. 이런 문화 요소는 외국인 학생들이 보기에는 매우 독특하고 재미있는 현상이다. 낯선 이국땅에서 선배와 후배의 엄격한 관계를 강요당하고 심지어 언니, 오빠, 형님이라는 호칭과 그에 맞는 예절을 받아들여야하는 외국인 유학생들의 입장에서 한국인 선배와의 '밥약'은 그간 받았을 문화적 충격을 다소 완화시켜 줄 한국 대학 문화의 묘수가 될 수 있기 때문이다.

한국에서 교수의 사회적 지위가 높고 권위적이어서 학생들이 어려워해요

교수와 학생은 학술 공동체를 이루며 진리탐구라는 대학의 사명을 수행하는 주체들이다. 이런 점에서 학문 앞에서 동등한 위치에 있지만 한국 사회의 교수는 권위의 상징이기도 하다. 교육이라는 현상이 교수와 학생이 학습의 장에서 복합적이고 유기적으로 혼연일체가 되어 이루어지는 것이라고 할 때, 교육에서 교수가 가장 중요한 환경 조건이 되기 때문에 교수에 의해서 학습지도의 방법과 능률이 결정되고 학생들의 학습동기가 유발될 뿐만 아니라, 학생의 지적 발달과 정의적 발달을 촉진하는 등 다양한 환경조건이 좌우된다. 더구나 한국사회의 유교적인 전통은 스승과 제자와의 관계를 엄격하게 정의하고 있기 때문에 교수와 학생은 진리탐구라는 점에서는 동등한 위치에 있지만, 사회적으로는 권위의 상징으로서 일방적인 존경의 대상이 되어왔다.

하지만 정보통신의 발달로 과거처럼 정보 자체보다는 정보 검색과 이용이 더 중요해짐에 따라 교수와 학생의 학문적 지위는 격차가 점점 줄어들고 있고 보다 평등한 관계에서 학문 탐구가 이루어지고 있다. 그래서 좋은 리더와 구성원(LMX : Leader-Member Exchange)이라는 구도 속에서 교수-학생 관계가 이해되면서 교수는 학생들의 학문적 리더와 멘토로서 기능하게 되었다.

교수님들이 좀 더 학생과 편한 관계를 맺었으면 좋겠어요

교수와 학생들의 관계는 '임금과 스승과 부모는 모두 하나'라는 군사부일체 사상을 배경으로 매우 엄격하게 유지되어 왔다. '스승의

취업난 극복
교수 역할 크다

그림자도 감히 밟지 않는다'는 말처럼 한국에서 선생님(교수)은 그 자체로 존경받아야 할 존재다. 그래서 한국 대학생들은 교수에게 하고 싶은 부탁이나 질문이 있어도 여러 번 생각하고 조심스럽게 말을 꺼내는 것이 일반적이다. 이런 문화가 외국인 학생들에게는 불편하게 생각되기도 한다.

윗사람에 대한 기본적인 예절을 지키는 것만으로도 교수와의 대화가 편해질 수 있지만, 외국인 학생들은 한국식 예절에 익숙하지 않아 한국 교수님들이 매우 권위적이며 가까이 다가가기 어려운 존재라고 오해할 수 있다.

현재 한국 대학의 교수들은 학생들이 자기 주도적으로 학문을 연구할 수 있도록 돕고, 학생들의 취업 활동을 돕는 멘토로서 조언과 지도를 아끼지 않는다. 2014년 1월 10일자 〈강원일보〉 보도에 의하면, 강원도의 대학들에서 학생들의 취업을 위해 교수들이 밤늦게까지 학교에 남아 제자들을 지도하여 국가고시 합격률이 높아졌고 수석 합격자까지 배출했다고 한다.

Y대 RC교육
프로그램 소개
(기숙형 학사지도)

최근에는 교수가 학생들과 같은 공간에 거주하면서 학생들의 학술적 능력과 전인적인 소양을 배양할 수 있는 시스템을 제공하는 대학도 있다(Y대 RC/왼쪽 QR코드 참고). 예컨대 모대학에서는 1학년 전체를 기숙사에서 생활하도록 하면서 정규교과목 외의 다양한 활동들을 제공하고, 학생들의 자발적인 모임들을 장려하고 지원하고 있으며 항시 전담교수들이 기숙사에 동거하며 학업, 대학 생활, 향후 진로에 대한 다각도의 도움을 제공하고 있다.

대학에서의 교수와 학생은 더 이상 '권위'와 '복종'의 관계가 아니라, 대학의 주체로서 공동의 학문 목적을 위해 봉사하며 협력하는 수평적 관계로 변하고 있다. 앞으로의 대학은 지식만을 전달하는 데에서 나아가 지식의 활용은 물론 지식을 쌓은 주체인 학생들의 전인적인 개발까지도 관여하게 됨에 따라 교수와 학생의 관계는 다층적이며 실질적인 관계로 발전하게 될 것이다.

대학 축제에 대해 궁금해요

대학의 축제는 보통 5월과 10월 중간고사가 끝난 후 며칠 간 열린다. 대학 축제는 대학에 따라 고유의 명칭을 붙이며, 다함께 크게 어울려 화합한다는 뜻으로 대동제(大同祭)라는 명칭을 쓰는 대학이 많고 각종 공연이나 전시, 체험 행사, 연예인 초청 등 다양한 행사와 저녁에는 주점을 운영하는 행사로 구성된다.

한국 최초의 대학 축제는 조선 유일의 국립대학이었던 성균관(成均館)에서 시작되었다고 한다. 조선시대 성균관의 축제일은 학교를 공개하여 외부인의 출입이 유일하게 허용되었던 날이었고, 학생회장격인 장의(掌儀)가 중심이 되어 명륜당 앞마당에서 먹거리 행사 등

놀이문화가 다채롭게 행하여졌고 전한다.

그러나 현재와 같은 개념의 대학 축제는 한국전쟁 이후에 시작된 것으로 보아야 한다. 1960년대 중반부터 그 이전의 '문화제', '축전' 등의 문화행사가 '축제'라는 이름으로 불리기 시작했다. 1960년대에는 소수의 대학생으로 구성된 엘리트 계층이 축제를 주도하였는데 주로 연극제, 경연대회, 게임 등이 축제의 기본 프로그램이었고, 여기에 쌍쌍파티, 메이퀸 선발 등처럼 서구문화의 유희적 요소가 가미되기도 했다.

1970년대에는 탈춤과 더불어 씨름, 줄다리기 등 다양한 민속놀이들이 주요 프로그램이 되었고 마당극을 통한 정치풍자도 이루어졌다. 1980년대는 운동권학생이 중심이 되어 공동체문화 성격의 대동제로 풍물놀이 등 민속 문화가 집중적으로 대두되었다. 대동제는 기존의 축제를 부정하고 대안으로 제시한 축제였으며 정치·경제·사회적 모순을 드러내고자 하였다. 90년대 중반 문민정부가 수립되고 학생운동이 축소되는 한편, IMF경제 위기로 인해 대학생들의 관심이 사회적인 문제에서 개인적으로 문제로 옮겨가는 경향이 나타나게 되면서 대학 축제도 정치성보다는 대중문화적 성격을 띠게 되었다.

2000년대 이후는 대학문화와 대중문화가 구별되지 않는 시기로 주점문화, 연예인 초청, 반복된 이벤트, 기업체 홍보 경연장이 축제의 코드로 자리 잡아 오늘에 이르고 있다.

대학 축제에서의 가수 공연 모습

　대학 축제와 관련한 각종 설문조사나 신문기사를 보면 대학 축제와 관련하여 가장 많이 언급되고 있는 것은 '가수의 공연'과 '주점'이다. 이 때문에 대학 축제가 매년 똑같아서 재미없다는 의견도 있지만, 유명 가수와 함께 하는 축제 문화와 뒤풀이로 학우들과의 술자리는 한국 대학 문화의 특징적인 문화로 볼 수 있다.

　축제를 통해 새로운 학우들을 만나는 교류의 장이 마련되고, 신입생들이 축제를 통해 학내 인간관계를 폭넓게 형성할 수 있으며 학업의 중압감을 덜고 학교생활의 활력소가 될 수 있다는 점은 긍정적이나 인기 연예인 섭외에 등록금이 낭비되는 것과 단순히 술만 마시는 질 낮은 술 문화는 문제점으로 지적될 수 있다.

외국 대학의 축제는 한국 대학 축제와 어떻게 다른지 살펴보자. 미국대학의 경우에는 성탄절, 신년, 추수감사절 등 명절에 주로 열리며 학생들은 물론 인근 주민도 참여하고, 수업에 지장을 주지 않기 위해 주말을 이용하여 개최한다. 축제는 퍼레이드, 이벤트, 운동경기, 공연, 전시 등으로 구성된다. 프랑스, 독일 등 유럽 국가의 대학 축제는 축제기간이 따로 있지 않으며, 각종 학술행사의 일부 등을 맡겨 지역축제 일환으로 전개되는데, 친목을 꾀하는 기숙사 파티가 연례행사로 있는 정도이다.

한국의 대학 축제가 부분적으로 서양의 문화를 수용하여 만들어졌기 때문에 다른 나라 대학 축제와 공통된 요소들이 많지만, 대중가수를 초청한 대형공연과 뒤풀이인 술자리는 한국 대학 축제의 특성이라고 할 수 있다. 이는 입시와 취업의 극심한 경쟁으로 인한 학생들의 스트레스를 해소할 수 있는 방식으로 받아들이는 대학 내 분위기와 연관되어 있다. 축제가 열리는 시기가 중간고사 이후라는 점도 학생들이 대학 축제를 그간의 스트레스를 풀 기회로 여길 개연성이 있다. 건전한 대학 축제를 만들기 위한 다양한 노력들이 지속적으로 이루어지고 있지만 경쟁 사회에 내몰리는 대학생들의 입장이 개선되지 않은 한, 대학 축제가 대중문화와 기업의 마케팅으로부터 거리를 두고 대학생들만의 문화적 특색이 살아 숨 쉬는 축제를 만드는 것은 쉽지 않아 보인다. 또한 한국의 대학 축제는 학생들만의 축제로 인식되어 왔기 때문에 지역 축제의 일부로 개최되는 외국의 대학 축제와는 달리 폐쇄적이다. 조선조의 성균관 유생들의 축제가 공간을 지역민에게 개방하는 지역축제로서의 의미가 있었다는 점을 상기하면 현재 대학 축제에도 좀 더 다양한 연령층과 외부인의 참여가 활성화될 필요가 있다.

저 같은 외국인 학생도 참여할 수 있는 축제 프로그램도 있나요?

외국인 학생들에게 한국 대학의 이미지로 가장 많이 떠올리는 것은 역시 대학 축제다. 최근 외국인 유학생의 수가 증가하면서 대학 축제에도 외국인과 함께 하는 프로그램들이 만들어지고 있다.

2016년 외국인 유학생이 10만 명을 넘어서면서 한국의 대학 축제에도 새로운 변화가 생겼다. 연세대에서는 외국인 유학생들이 한국인 재학생들과 같이 한복을 입고 한국 음식을 만드는 한국 문화 체험 프로그램이 축제의 하나로 열렸다. 서강대의 경우에는 외국인 학생들의 나라 음식을 실은 푸드 트럭이 축제 시간에 캠퍼스 내에 운영되었다.

유학생들의
축제 참여

외국인 유학생들의 대학 축제 참여는 한국의 대학 축제가 가졌던 폐쇄적인 특성을 완화시키고 한국 대학 축제의 정체성에 대해 자성하게 하는 기회가 될 수 있다. 외국인에게 소개할 수 있는 한국 대

유학생들의
대학 축제 체험

학 축제의 매력이 무엇인지에 대해 생각해 보는 것은 우리 스스로 기존의 대학 축제를 객관화시켜 바라보게 함으로써 문제를 개선하고 한국 대학 축제의 정체성을 제고하는 일이 될 것이다.

동아리 활동을 하고 싶어요

Y대학 동아리
홍보UCC

'동아리'는 대학생활에서 학생들의 자발적인 소모임으로서 공통 관심사와 목적을 위해 만들어진다. 동아리 활동을 통해 교과활동에서 충족할 수 없는 개인의 취미와 소질 개발이 이루어지며 서로 협력하며 발전하는 역동적인 인간관계를 형성할 수 있다. 대학생 동아리 활동은 창의적인 활동영역으로서 동일한 목적 혹은 관심을 지닌 동호인들의 자생적이고 자주적인 집단 활동이라고 볼 수 있다.

대학생들이 직접 쓴 동아리의 정의를 예로 들면 다음과 같다.

> 동아리에는 사람이 있습니다. 나와는 다른 전공과 배경을 지닌 사람들, 학번도 나이도 다른 사람들. 동아리 사회는 같음으로 묶인 사람들이 다름을 존중하며 나아갑니다.
>
> 동아리에는 배움이 있습니다. 전공수업에서 배우는 전문적인 지식도, 교양수업에서 배우는 삶에 필요한 기초 상식도 채워주지 못하는

배움이 있습니다. 동아리에서는, 여러분이 그동안 원해왔던 '그' 배움을 만날 수 있습니다

동아리에는 사람과 함께 하는 즐거움이 있습니다. 여러분은 자유롭게 그러한 즐거움을 선택할 수 있습니다. 여러분의 자유의지에 따라, 원하는 그 동아리를 선택하여 사람과 배움, 그리고 즐거움을 얻어 가시기 바랍니다.

(Y대학교 동아리연합체 인사말)에서 부분 발췌
http://dongari.yonsei.ac.kr/sub/sub0101.asp

대학생들은 동아리가 가진 기능을 대학 시절 만들 수 있는 다양한 인간관계와 전공 외의 관심사에 대한 지식 습득 그리고 친교의 즐거움을 들고 있다. 대학생들은 동아리 활동에 참여함으로써 전공을 달리하는 학생들과의 인간적 유대관계를 맺고 자신을 개발해 나가며, 자신의 삶에 대한 보람을 스스로 찾으려는 강한 내면적인 욕구를 지니고 있다. 좋은 인간관계가 사회생활의 성패를 가른다는 점을 생각할 때 대학생들의 동아리 활동은 매우 권장되며 동시에 잘 수행해야 하는 과제인 셈이다.

일반적으로 대학에서는 일반 동아리와 스포츠 동아리에 의무적으로 가입하여 활동하도록 하고 있다. 한국여가문화학회에서 2012년 조사한 설문조사 결과를 보면, 취업을 준비해야 하는 고학년에 비해 1, 2학년의 동아리활동이 활발하고 문화예술, 학술교육, 건강스포츠, 봉사, 종교 등의 영역에서 고른 분포를 보인다.

구분		빈도(명)	백분율(%)
동아리 유형	건강스포츠	85	19.1
	학술교육	102	23.0
	문화예술	102	23.0
	종교	72	16.2
	봉사	83	18.7
성별	남	214	48.2
	여	230	51.8
학년	1학년	149	33.6
	2학년	155	34.9
	3학년	91	20.5
	4학년	49	11.0

2010년대 한국 대학 내 다양한 동아리

재즈	흑인음악	뮤지컬	혼성합창	통계	경영정보시스템	아시아의대생연합	학생신문
아카펠라	버스킹	클래식기타	노래패	경영학대학원진학	이코노미스트	미술	사진
피아노	재즈댄스	오케스트라	남성합창	대안 경제제도 연구	마케팅	대중의학	카톨릭
창작음악	락	스트릿댄스	문학	기업공모전	경영학	치과진료	기독교음악
마술	국악	언론비평	문학비평	실전 마케팅	유통전략	무료진료	기독교선교
연극	풍물	여성주의	역사	경영전략컨설팅	야구	창작음악	사진
사회문제	민중가요	농구	밴드	금융학	투자	인종계층초월봉사	영어연설
리더십	자원봉사	인턴십 교류	비즈니스	기독교	연합동아리	통번역	인권
춤	테니스	로스쿨진학	기업재무연구	전산자원봉사	축구	모의재판	내외국인친목
사회과학토론	인문학	수영	미식축구	어쿠스틱노래	글쓰기	정치학	보드게임
당구	언론매체	역도	유도	발명	로봇	벤처창업	미디작곡
스키	요트	태권도	태껸	자동차	프로그래밍	실용무술	음식

전통적인 동아리 외에 최근 사회적 변화를 반영하는 동아리들도 눈에 띈다. 청년창업지원 정책과 관련된 벤처 창업 동아리, 최신 IT기술에 대한 관심을 반영한 로봇 동아리와 프로그래밍 동아리도 있으며 외국인 유학생과의 교류 동아리도 생겨 동아

외국인 학생 교류 동아리 소개

리가 대학생들의 새로운 관심사들을 반영하고 있음을 알 수 있다.

한국 대학의 엠티 문화가 궁금해요

엠티(MT)의 사전적 정의는 '단체의 구성원이 친목 도모와 화합을 위하여 함께 수련하는 모임'으로서, 'Membership Training'이라는 영단어의 약자로 쓰인다. 엠티는 학교에서 공식적으로 실시하는 오리엔테이션과 달리 학과나 동아리 차원에서 실시하는 학생자치활동 중의 하나로서 경비 마련을 위해 회비를 걷고 보통 1~2일 정도 시외의 일반 수련회장이나 산장 등을 이용하여 모임을 갖는다. 엠티가 친목 도모가 주목적이므로 프로그램 역시 구성원들 간의 친밀감과 이해를 높이는 것으로 구성되며 게임과 요리 그리고 술자리를 통해 조별 및 전체 활동을 진행한다. 대학생들의 엠티를 위해 장소를 전문적으로 대여해 주는 숙박업소들이 성업하고 있고, 비용은 1박에 15,000~20,000원 수준으로 저렴한 편이다.

전원 기숙사 생활을 하는 일부 해외 대학의 경우에는 학생들끼리의 외박 활동이 특별하게 느껴지지 않을 수 있으나, 한국은 학생들의 거주 공간이 기숙사, 하숙, 자취 및 자택 등으로 다양하여 같이 생활하며 서로를 알아갈 수 있는 여건이 되지 않기 때문에, 엠티는 여러 학우들과 하루 이틀을 같이 생활해 보며 상대에 대해 깊이 있게 이해하는 기회가 될 수 있었다. 특히 학생들의 취업이 대기업에 집중되어 있어 졸업 후에도 집단 내에서 좋은 인간관계로 사회적 성공을 도모해야 한다는 의식이 있어서 대학 시절에 엠티를 통해 좋은 선후배 및 동료 관계를 만드는 것은 중요하다. 다만 짧은 시간에 상대를 알아가기 위해서 지나친 게임이나 과도한 음주를 친화의 수단으로 사용하는 것은 문제가 되어 왔던 것도 사실이다.

90년대에는 학생자치활동이었던 엠티가 학생운동의 수단으로 이용되는 것에 대한 정부의 방지 노력이 있었고, 여학생이 적은 공대 남학생들이 자기반 여학생 몰래 여대의 ○○과와 연합 엠티를 가는 경우가 있어 빈축을 사기도 했다. 2000년대에는 춘천에 엠티촌이 만들어지면서 춘천으로 엠티를 가는 학생들이 기차에서 소란을 피워 승객들을 불편하게 했다는 기사도 있고 2002년 월드컵경기가 한국에서 개최되었을 때에는 아예 경기장으로 엠티 장소를 정하기도 했다. 학생들이 엠티에서 술을 많이 마시는 점을 고려해 맥주회사에서는 대용량 페트병 맥주를 생산하기 시작했는데 술로 인한 사고도 많아서 학교와 교수가 책임을 져야한다는 법원의 판결이 나오기도 했다. 이렇게 엠티와 관련해서 부정적 요인들이 언론을 통해 부각되면서 건전하고 실속 있는 엠티 문화에 대해 성토하는 기사들이 실리며 성숙한 엠티 문화를 만들기 위한 사회적 노력이 진행되고 있다.

대학문화의
메카 신촌

90년대까지 대학 주변에는 서점, 음식점과 술집 등 유흥점포가 대부분이었다. 대학은 학문을 연구하는 곳으로서 일상 공간과는 유리되는 곳으로 인식되었던 만큼 대학의 정문은 경비원들이 항상 통제하였고 외부 세계와 높은 벽을 쌓았다. 또한 대학은 학생 시위가 빈번하게 벌어지는 공간이어서 대학의 정문은 이상세계와 현실세계를 가르는 경계로 작용했고, 시위 학생들은 공권력을 피해 그들의 뿌리를 두고 있던 교문 안으로 몸을 숨기기에 바빴던 시절이었다. 그래서 대학이 주변 상권과 소통하거나 지역 문화를 선도하는 분위기는 애초에 만들어지지 않았던 것이다. 그 당시에는 대학 내의 편의 시설이나 상업 시설이 열악한 편이어서 서점이나 음식점 등 교외 점포를 이용하는 학생들이 많았다. 학교 정문은 항상 통제되고 긴장되는 곳이었고 학내에서는 시위와 관련한 활동들이 많았지만 학교 밖의 공간은 일상공간이었고 학생들의 학업과 정치적 스트레스를 풀 수 있는 자유지대였다. 이런 상황에서 대학가에 음식점과 술집이 즐비했던 것을 당시 대학문화를 유흥이나 퇴폐적 코드로 덧씌우기를 할 수는 없을 것이다.

90년대 초 문민정부가 수립되면서 학생 시위는 축소되고, 지방자치제의 실시로 대학가를 바라보는 관점이 바뀌기 시작했다. 대학가(대학촌)를 문화적 공간이라는 시선으로 접근하며 기존의 향락 중심의 산업에서 건전한 대학 문화 공간으로 바꾸기 위한 노력들이 자치단체와 언론을 통해 이루어졌다. 언론을 통해 지속적으로 비판되었던 것은 대학가의 유흥 공간을 문화 공간으로 바꾸어야 한다는 것이었다.

이런 문제인식을 공유하며 대학과 지방정부는 대학 문화가 만들어질 수 있는 대학촌을 조성하기 위해 노력하게 되는데, 이는 대학은 물론 대학이 속한 지역이 경제, 문화적으로 상생하자는 의미이기도 했다.

이러한 노력에 힘입어 현재 한국의 대학 거리는 이전에 비해 문화적인 색채를 강하게 띠며 발전하게 되었다.

진정한 '대학인들의 거리문화'를 만들 수 있는 방법은 없나요?

매 신학기마다 반복되는 대학가의 문제는 학생들의 주거비 인상 문제였다. 대학 기숙사의 공간적 제약 때문에 대부분의 학생들은 주거문제에 있어서 항상 약자가 될 수밖에 없었다.

> ### 대학가 하숙비 크게 올랐다 / 최고 27%·월세 75%까지
>
> ◎ 일부선 1년치 방값 선불요구 … 부담가중개학을 앞두고 대학가 주변 월세 하숙비가 껑충 뛰었다.
>
> 국민일보 | 1991.02.28.

> ### 지방 대학가 하숙비 "몸살" / 서울학생 "유학" 늘자 급등
>
> ◎ 주민담합에 학생회 등서 반발도시학생들의 지방대 유학이 늘면서 신학기를 앞둔 지방대학가 주변의 하숙비와 방값이 크게 뛰어 학생들에게 부담을 주고 있다.
>
> 동아일보 | 1993.02.02.

> ### 신학기 앞두고 대학가 집세·하숙비 '껑충'
>
> 신학기를 한 달여 앞두고 대학가 주변 방세와 하숙비가 크게 오를 것으로 예상된다.
>
> 매일경제 | 2002.01.18.

이러한 학생 주거문제를 해결하기 위해 대학에서는 기부금 유치를 통한 주거공간의 확충, 지자체에서는 학생임대주택 확보를 통해 문제를 해결해 나가고 있으나 아직도 주거비용은 학생들의 자기 개발이나 대학생 문화를 만들 시간을 결국 주거비 마련에 쓰게 만듦으로써 활발한 대학 문화 조성에 방해요소가 되고 있다.

2016년 서울시는 대학생들의 주거 문제, 대학가의 향락 산업, 청년 창업 공간의 부재 등의 문제에 대한 대안으로 〈캠퍼스타운 조성 사업〉을 발표하였다. 서울 소재 52개 대학에 캠퍼스타운을 조성하여

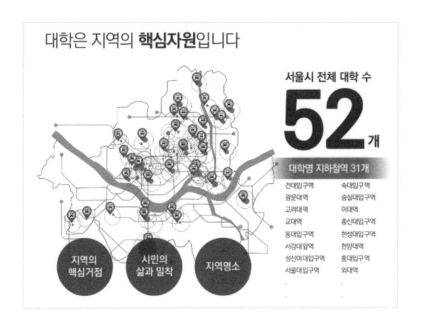

지역명소로 탈바꿈시켜 지역경제를 활성화시킬 뿐만 아니라, 대학과 협의하여 졸업생들의 창업 공간을 제공하는 방안까지 제시하였다. 대학을 지역의 핵심자원으로 보고 대학을 중심으로 지역 경제와 문화를 살리는 것은 물론 대학의 주체인 대학생들이 해당 공간에서 보다 자유로운 대학 문화와 창업의 기회를 얻을 수 있도록 계획되어 있다.

이제 한국의 대학거리는 단순히 젊은이들의 일상탈출의 공간이 아닌 문화와 경제가 살아 숨쉬는 공간이며 대학생들이 주체가 되어 자신들의 미래를 설계할 수 있는 공간으로 바뀌고 있다.

학습 활동

대학 축제 참가하기(한국 체류 시)	★ 체험
① 축제에 참가하고 싶은 한국 대학을 선택해서 인터넷 등 을 이용하여 축제 날짜와 정보를 찾아본다.	★인터넷 이용 ★ SNS 이용
② 해당 축제일에 직접 축제에 참가해 본 후 다양한 사진 및 동영상을 찍는다.	
③ SNS를 이용하여 실시간으로 축제 상황을 반 친구들과 교사와 공유한다.	✔ 조별활동 ✔ 개인활동
④ 반 친구들과 교사는 재미있는 미션을 지령하고, 학습자 는 이를 수행한 후 인증 사진을 공유한다.(예 : 빨간 옷 을 입은 한국 학생과 같이 사진 찍기, 게임 참여해서 1등 하기, 먹거리 마당에서 음식 먹으면서 사진찍기 등)	
⑤ 모든 학습자들의 축제 참가 활동이 끝난 후 '사진 선발 대회'를 실시하여 1등을 선발, 시상한다.	

한국 대학 상황 대화하기	★ 역할극
㉠ 교수-학생 : 교수님께 보고서 제출 날짜를 미루어 달라고 부탁하는 상황 ㉡ 선배-후배 : 선배가 후배에게 일을 도와 달라고 하지만 도와줄 수 없어 거절하는 상황 ㉢ 학생-학생 : 엠티 날짜와 장소 등에 대해 서로 논의하는 상황	
㉣ 자유 대상, 자유 주제 ① 학습자에게 상황을 이해시킨 후 2인 1조씩 정하도록 한다. ② 윗사람과의 대화에서는 한국 대학 상황과 윗사람에 대한 높임법이 적절한지 확인해 준다. ③ 대화가 완성되면 앞에 나와서 대화와 행동을 함께 해 보도록 하고 교사가 피드백을 해 준다.	✔ 짝활동 ✔ 조별활동

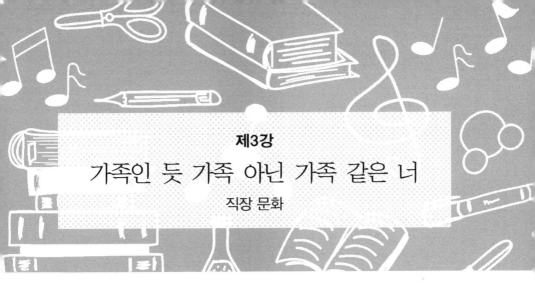

제3강
가족인 듯 가족 아닌 가족 같은 너
직장 문화

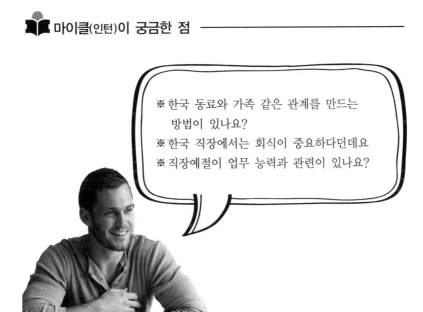

📖 마이클(인턴)이 궁금한 점

※ 한국 동료와 가족 같은 관계를 만드는
   방법이 있나요?
※ 한국 직장에서는 회식이 중요하다던데요
※ 직장예절이 업무 능력과 관련이 있나요?

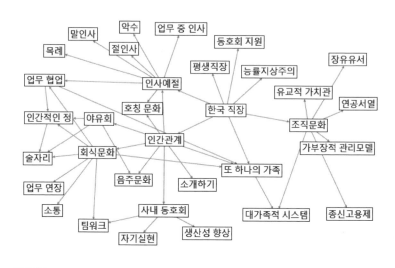

한국의 직장 조직문화는 어떻게 변화되어 왔나요?

　90년대까지 한국의 직장 조직 문화를 대표하는 것은 연공서열(年功序列)체제였다. 한국 인사제도의 기본요체로서 오랫동안 작용한 이 체제는 대가족제도를 바탕으로 한 유교사상이 기업에서의 경영 가족주의 사상으로 발전하면서 형성되었다. 한국전쟁 이후 한국의 경제는 급속한 공업화를 추진하게 되는데, 숙련공들의 기술력이 산업 경쟁력으로 인정되었기에 연공서열제는 당시의 노동시장이나 노동관계의 특수한 성격과 잘 어울렸다.

연공서열제는 종신고용제와는 표리일체의 관계에 있는 것으로서 일정연령의 신규졸업자를 정기채용하고 그를 그 회사에 정년까지 고용을 보장한다는 전제로 종업원이 장기간에 걸쳐 기업에 공헌하게 하고자 연공요소인 연령과 근속연수를 높이 평가하고 매년 정기 승급에 의해 임금을 상승시키고 연공 순으로 승진을 행하는 인사체계이다. 연공서열제는 조직관리원칙이 직무중심보다는 사람중심 직장중심의 관리 원칙으로, 직장의 직무범위가 불명확하고 직장 내의 갈등처리의 효과적인 장치가 없어 사장의 리더십 즉 인간관계처리 능력이 중시될 때, 그 운영의 효과가 있다. 또한 연공서열제는 신규 졸업자를 정기채용해서 기업 간 교육훈련을 통해 직무수행상 필요한 지식과 숙련을 배양하여 기업에 공헌하게 하거나 직장의 협력관계를 유지하기고 장기적이고 간접적인 자극을 주는 데 그 효과가 있다고 알려져 있다.

전통적인 장유유서(長幼有序) 관념은 장자 우위의 가족제도와 법령, 기업경영에서도 적용되어 나이가 많은 자에게 높은 지위가 주어져야 한다는 전통적 의식구조가 연공서열제로 연동되었다. 전통적인 가족제도가 장남에게 다른 형제들보다 더 많은 권위와 혜택을 부여했던 것과 같이 능력보다는 서열이 기업경영에서도 중요하게 생각되었다. 신분제에 기반했던 유교적인 가치관은 인본주의를 표방했던 서구 기독교적 가치와는 다른 것이었고, 경영 모델 역시 한국은 가부장적 관리모델을 서양은 민주적 관리 모델을 취하게 된 것이었다.

또한 가족주의를 지지했던 전통 사회에서 개인보다는 가문, 토론보다는 가장의 의견과 체면이 중시되었고 이런 상의하달식(上意下達

式) 대가족적 시스템이 기업 경영에 접목되었다. 개인보다 가족을 우선시하는 문화는 '우리'라는 특수한 개념을 낳았다. 우리나라, 우리민족, 우리 집사람 등 한국의 '우리'라는 개념은 개인과 개인의 경계를 허물어뜨린다. '우리'라는 울타리 속에 같은 혈연과 같은 학연 그리고 같은 동향 사람을 넣음으로써 개인의 지평을 더 큰 우리로 확장시키는 관습을 가지고 있다. 현재 연공서열제나 학연, 지연, 혈연주의는 사회적 비판의 대상이 되었지만, 이것은 분명 한국 전통사회의 문화이자 가치였음이 분명하다.

1997년의 IMF는 한국의 기업문화에 대한 혹독한 비판으로 이어져, 그 전의 연고주의나 연공서열제도는 급속하게 파괴되었고 새로 도입된 신자유주의 시장경제체제는 사람보다는 성과를 우위에 둠으로써 가족공동체로 인식되었던 직장 개념을 와해시켰다. 이제 더 이상 무조건적인 상의하달식 경영은 2010년대의 글로벌 기업 환경에 적합하지 않게 되었고, 무한 경쟁의 논리 속에 효율성과 성과가 최고의 미덕이 되었다. 2010년대를 살아가는 청년세대가 겪는 취업난과 중·장년세대의 비정규직, 명예퇴직 문제는 달라진 경제 환경에서 새로운 돌파구를 찾아야 하는 시대적 숙제가 되었다.

한국 동료와 가족 같은 관계를 만드는 방법이 있나요?

외국인들이 가장 알고 싶어 하는 직장 문화는 '회식문화'와 '음주

문화'라고 한다. 한국인들은 직장에서 대부분의 시간을 보내기 때문에 회사를 가족처럼 생각하는 경향이 있고 이로 인해 다 같이 식사하고 시간을 보내는 활동을 통해 가족 같은 직장 분위기를 만들려고 한다. 따라서 한국에서 직장 생활을 원만히 하기 위해서는 회사 사람들과 가족 같은 관계를 만들어야 하며 이를 위해 정기 회식에 가능한 빠지지 않고 사내 동호회 활동에도 참여하는 것이 필요하다.

신입사원이 알아야 할 직장 회식문화에 대해 알려 주세요

한국의 대기업 문화가 외국 기업과 다른 점은 업무 시간 후 이어지는 회식자리가 특별한 기능을 한다는 점이다. 외국인 사원들은 한국 회사의 회식을 단순한 식사모임으로 생각하는 경향이 있다. 의무적이라고 느끼지도 않고 개인의 여가 시간을 뺏는다고도 생각한다. 한국 기업이 가진 경쟁력 중의 하나는 직원들 간의 팀워크인데, 이런 팀워크가 형성되는 기회가 회식이다. 업무의 효율성을 위해서는 각 개인이 가진 객관적인 능력과 성격을 잘 파악하고 이상적으로 조합하는 것이 필요하다. 팀장이 해야 할 것은 업무 지시라기보다는 업무를 효율적으로 안배하는 것이기 때문에 팀원 각각에 대해 객관적인 파악이 중요하다. 회식자리는 술자리를 겸하기 때문에 이를 통해 팀원 간의 정서적인 연대와 교감력을 높이고, 상대에 대한 이해와 배려심도 끌어낼 수 있다고 한국인들은 생각한다. 개인의 삶과 직장의 일을 철저히 구분하는 서구 기업 문화와 달리 한국은 직장을 또 하나의 가족이라고 생각하기 때문에 업무가 삶의 중심에 있다. 일이 끝나지 않으면 퇴근 시간을 늦추는 것이 당연하다고 생각하며, 업무의 완수를 위해 팀워크는 필수다. 한국 기업에서 아직도 남아 있는 악습은 여사원에 대한 차별이다. 출산과 가정 일 등의 이유로 팀워크를 지속적으로 이어나갈 수 없다는 편견 때문이다. 한국 기업에서 팀워크는 개인보다는 회사, 가정보다는 직장을 우선시하는 분위기 때문에 더욱 강조되는 경향이 있다.

신입사원으로서 회식자리에 참석해야 한다면 지켜야 할 몇 가지 수칙이 있다. 먼저 회식 예약과 관련한 수칙이다. 보통 직장 상사는 가장 직급이 낮은 직원에게 회식 장소를 섭외할 것을 지시한다. 이때 고려해야 할 것은 직장 선배들의 음식에 대한 취향, 식당의 위치, 음식의 가격, 회식 인원수, 음식 맛에 대한 평가 등이다. 이를 체크리스트로 정리하면, 첫째, 회식에 참여하는 인원수 파악이 중요한데 나중에 참석하는 인원까지 고려해서 딱 맞는 크기의 장소를 섭외해야 한다. 둘째, 회식장소의 분위기 사전에 파악하여 참여하는 사람들의 성격과 회식 목적에 맞는지 체크해야 한다. 셋째, 직장 상사나 동료의 음식 취향을 미리 조사하는 것인데, 선배 직원에게 물어보는 것도 좋다. 넷째, 인원수 파악, 회식 장소의 분위기, 음식 취향 등의 파악이 끝나면 해당 음식점에 전화를 해서 예약 가능 여부를 확인한다. 그리고 회식을 지시한 직장 상사에게 회식 장소에 대해 보고하여 허락을 받으면 예약을 한다. 다섯째, 회식에 참여하는 상사와 동료들에게 음식점 이름, 위치, 메뉴, 시간 등을 공지한다.

회식이 시작되면 앉을 자리를 정해야 하는데 가장 윗사람은 출입문 쪽을 바라보고 벽을 등지고 앉을 수 있는 중앙 위치에 앉도록 한다. 그런 구조의 방이 아니라면 창문을 통해 경치를 볼 수 있는 자리도 상석이다. 가장 상석의 오른쪽이나 맞은편이 차석이 되고 가장 낮은 직급의 직원은 출입문 쪽에 앉는 것이 예의다. 술을 마실 때는 아랫사람이 먼저 윗사람에게 술잔을 권하는데 직급이나 나이순으로 술잔을 채운다. 술을 따를 때는 오른손으로 병의 상표 부분을 잡아 보이지 않게 하고 왼손으로 병 밑 부분을 받치며 따르되 술잔이 넘치지 않도록 주의한다. 윗사람이 술을 따라 주면 오른손을 잔을 잡고 왼손으로 잔 밑을 받치며 가벼운 목례와 함께 "감사합니다"라고 말해야 한다. 술을 마실 때는 윗사람을 바라보지 않게 상체와 고개를 옆으로 돌리고 술잔을 가리고 마시며 윗사람이 마시고 난 후에 술잔을 비우고 내려놓는다.

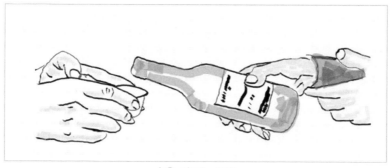

술을 따르는 방법

직장상사와 함께 하는 술자리는 술을 같이 마시는 자리라기보다는 인간관계를 형성하고 업무 스트레스를 푸는 자리다. 또한 업무와 관련한 결정이 회식 자리에서 종종 이루어지기도 하기 때문에 술에 취하는 것은 신입사원으로서 바람직한 일이 아니다. 자신의 주량을 지키며 술을 마셔야 하고, 술자리가 끝난 후 직장상사들이 안전하게 귀가할 수 있도록 택시를 잡아드린다든가 부축해야 하므로 절대로 술에 취해서는 안 된다. 상사가 귀가한 후에는 동료들에게 귀가인사를 하고 떠나는 것이 예의다.

사내 동호회 참여도 중요하다던데, 동호회에 대해 설명해 주세요

직장 내 동호회는 기업의 활동 목적과 관련 없는 비공식조직으로서 기업의 '인사복리 제도'의 하나로서 운영되고 있다. 기업은 동호회를 위해 장소를 제공하고 비용을 지원하는 등 동호회의 비공식적인 활동에 대한 투자가 결국은 직원들의 근로의욕을 고취하고 회사의 생산성과 경쟁력 제고로 환원된다는 요소환원적 입장을 취하고 있다. 즉 동호회 활동이 기업 활동과는 직접적인 관련이 없지만 직원들의 자기성취감과 연대감을 높여서 결국은 기업의 경쟁력으로 환원된다는 것이다. 그러나 기업 경영의 악화나 경제 위기가 닥치면 동호회에 대한 기업의 지원은 물론이고 개인들의 동호회 활동도 약화될 수밖에 없다.

1997년 IMF위기에는 많은 직장 동호회들이 축소되기도 하였지만, 신자유주의의 도래로 구조조정, 인원감축, 실적 지상주의의 비인간적인 기업 환경 속에서도 한국인 특유의 인간적인 정을 느끼고 어려움을 함께 이겨나갈 연대감을 느끼게 할 수 있었던 곳은 사내 동호회였다.

2000년대에도 경제 위기가 한국사회를 어렵게 했지만, 사내 동호회들은 잠시 축소되었을 뿐 다시 활성화되어 왔다. 동호회 활동은 기업의 경영층에서는 직원의 사기진작이라는 '생산성 향상'과 투자 개념의 복리후생정책으로 보는 '요소환원주의'적 입장에 서 있고, 직원 개개인은 자기실현과 사회화(사회적 기여 포함)라는 입장이다. 동호회는 사회화를 전제로 한다는 점에서 좁게는 동호회 내부 구성원들 간의 연대를, 넓게는 동호회 회원들의 다양한 조직을 배경으로 직장 전체와의 연대를 모색하며 더 나아가 지역 사회와의 유대와 사회적 기여까지 확대하기도 한다.

IMF 이전 한국 경제가 고도성장을 거듭하고 토요 격주 휴무제가 실시되면서 기업의 동호회 지원은 최고치를 이루었다. 직장인들은 동호회를 통해 인간관계를 확대하고 문화 활동을 즐길 수 있었다. 그러나 이후의 경제 위기로 기업 경영 환경이 악화되자 비공식조직인 동호회에 대한 지원은 줄어들 수밖에 없었다.

IMF체제 이후 몰인정적, 능률지상주의적 비인간적 사회 즉, 개인의 상품성 내지 교환가치의 극대화(한국의 공·사조직에서 전통적인 연공서열제가 무너지고 연봉제가 확대되면서, 조직 내 이기주의의 만연, 논공행상 풍조가 팽배함)가 고조되는 상황에서 동호회는 인간적 가치(한국인의 정 문화)를 실현하며 직장 내 구성원들 간의 정 문화를 환기하는

1석2조
사내동호회

사내 동아리
봉사의 손길

기능을 담당했다. 한편, 경제 위기로 말미암아 직장 내 동호회에도 변화가 생기기 시작했다. 회사의 미래가 결국은 직원의 미래로 이어진다는 직장인들의 현실적 판단은 자신들의 업무 능력에 도움도 되고 결국 회사의 경쟁력도 높일 수 있는 기술이나 지식 위주의 동호회를 조직하게 했다.

2000년대에 들어 동호회는 신세대 직원들의 다양한 취미 활동을 반영하여 영화, 음악, 춤, 투자 같은 새로운 영역들까지 넓히게 되고, 기업들도 동호회에 대한 후원을 다시 늘리게 되었다. 동호회가 직원들의 업무 스트레스를 줄이고 사내 단합과 연대성을 높인다는 효과 외에도 동호회 활동을 기업 광고로 활용하는 일석이조의 효과를 노리는 기업들도 있었다. 동호회가 사회적 활동을 통해 자신이 속한 회사의 이미지를 제고할 뿐 아니라, 자원봉사활동을 통해 비경제적 분야에서의 사회적 기여를 시도하고 있다.

앞으로도 경제위기가 찾아오면 동호회에 대한 기업의 지원이나 활동은 일시적으로 위축될 수밖에 없겠지만, 동호회가 궁극적으로 개인의 자아실현과 사회적 기여라는 기능을 가지고 있는 한, 앞으로도 긍정적인 발전을 도모할 것이라 판단된다.

직장 예절이 업무 능력과 관련이 있나요?

한국어사전에서 '예절'이란 예의(禮儀)와 범절(凡節)을 아울러 이르는 말로 풀이되어 있다. 현대 사회에서 사회적 관습으로 인식되는 예의와 범절은 역사적으로는 법적규범과 행동규범에 뿌리를 두고 있다. 모든 사회단위는 법전에 근거한 행동규칙과 관습에 근거한 행동규범이 있는데 이를 어길 경우 소외당하게 된다. 중세와 같이 계층화된 사회에는 이런 규범들이 더욱 엄격하게 적용되어 왔지만, 제1·2차 세계대전 이후 사회적 평등이 강조되고 사회생활의 변화가 빨라지게 되면서 요구되는 행동양식도 보다 단순해졌다.

직장은 조직 사회로서 직장 내 개인 간의 소통과 기업 간 소통에 있어서 사회적 규범을 따른다. 직장 예절은 기업이 사회적 조직으로서 기능하기 위해 꼭 필요한 문화적 요소이기 때문에 예절 역량은 또 하나의 업무능력이라고 해도 과언이 아닐 것이다. 올바른 예절문화는 직장 내에서의 좋은 인간관계, 고객이나 다른 업체를 상대하는 대외 업무에서 큰 효과를 발휘하기 때문이다. 특히 한국에서는 전통적으로 "선례후학"(先禮後學 : 먼저 예의를 배우고 나중에 학문을 배우라), "예불가폐"(禮不可廢 : 때와 장소에 상관없이 항상 예의를 지켜야 한다)와 같이 어떤 다른 능력이나 가치보다도 예절을 우위에 두는 문화가 있어서 예절은 사회적 소통과 인정을 위해 매우 중요했다.

직장에서의 인사예절에 대해서 자세히 알려주세요

직장에서의 인사는 인간관계와 업무 협업의 시작이며 직장 구성원들 간의 관계를 긍정적으로 유지하고 확인하는 기능을 한다. 직장에는 상사, 동료, 부하직원을 포함하여 직장을 방문하는 고객과 협력업체 사람들이 인사의 대상이다. 한국의 직장에서는 직원들을 대상으로 인사예절 교육을 실시하는 곳이 많다. 그 내용을 간단히 살펴보자.

모든 인사는 정중하고 자연스러워야 한다. 얼굴의 표정은 밝게 하고 몸가짐은 단정히 해야 한다. 인사할 순간을 놓치면 상대에게 무례하다고 오해받을 수 있기 때문에 적절한 타이밍에 실행해야 한다. 상대가 '나의 인사를 받아 줄 것인가'라고 생각하지 말고 무조건 인사하는 것이 좋다. 인사는 당당하고 자신 있게 해야 한다. 고개만 숙이지 말고 마음속에서 우러나오는 진실한 자세로 반기고 또 감사하는 마음으로 인사를 해야 한다.

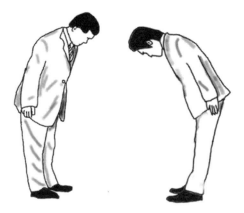

인사 받기와 인사하기

인사할 때의 바른 자세는 먼저 밝은 표정으로 상대방과 눈을 맞추고, 상대의 눈을 보며 "안녕하세요?"라는 인사말과 함께 인사를 시작한다. 머리, 등, 허리를 일직선으로 허리부터 숙였다가 숙인 상태에서 잠시 멈춘다. 약간 느린 속도로 상체를 들어 올려 바로 서서 상대방과 눈 맞추고 미소를 짓는다. 몸을 숙이는 절인사는 정중한 인사일 경우에는 45도 허리를 숙이고, 보통의 인사는 30도 그리고 간단하게 목례만 할 때는 15도를 숙인다.

출근할 때 하는 인사는 활기찬 표정과 태도로서 동료들과 명랑한 인사를 나누고 윗사람이 들어서면 일어서서 인사를 한다(신입사원은 다른 사람보다 조금 일찍 출근하여 사무실 정리를 하는 것이 관습이다). 상사나 선배 직원들에게는 30도 정도의 정중하고 예의 바른 인사가 좋으며 "안녕하십니까?"가 적당한 인사말이다. 만약 지각을 했을 때는 반드시 상사 앞에까지 가서 지각 사유를 겸손하고 분명하게 말해야 한다. 먼저 사과하고 그 다음 사유를 말씀드리는 것이 예의다.

퇴근 인사는 먼저 퇴근할 경우에는 "먼저 퇴근하겠습니다. / 먼저 가 보겠습니다. / 수고하십시오."라고 인사한다. "수고하셨습니다. / 수고하세요."는 상사에게 사용하지 않으며 동료나 부하직원에게만 사용한다. 먼저 퇴근하는 사람에게는 퇴근하는 사람에게 "안녕히 가십시오."라고 한다. 상사가 아직 일을 하고 있는데 근무 시간이 넘었다고 먼저 퇴근하는 것은 쉽지 않다. 부득이 먼저 퇴근해야 할 경우에는 '아직 일이 많으신가 봅니다. 제가 할 일은 없습니까?' 하고 묻고, 먼저 가라고 하면 그때 퇴근하는 것이 예의다.

고객에게 인사할 때에는 "어서 오십시오. / 안녕하십니까? / 무엇을 도와 드릴까요? / 좋은 아침입니다."라고 한다. 고객 응대에 자주 사용하는 말은 "안녕하십니까? / 네, 잘 알겠습니다. / 실례하겠습니다. / 잠시만 기다려주시겠습니까? / 즉시 확인해 드리겠습니다. / 좋은 하루 되십시오. / 오래 기다리셨습니다. / 이쪽으로 오시겠습니까? / 고맙습니다. / 좋은 하루 되십시오." 등이다.

직장 생활 중 나와 상대를 소개하는 방법에 대해 알려 주세요

업무 상 만난 사람에게 자신을 소개할 때는 자신의 이름뿐 아니라 회사나 담당 업무 등을 간략하게 소개한다. 특히 상대방이 자신을 소개할 때에는 상대방의 직급과 이름을 주의해서 듣고 기억해야 한다.

만약 자신이 서로 모르는 두 사람을 중간에서 소개해야 할 경우에는 먼저 두 사람의 인적 사항을 정확하게 알고 있어야 한다. 소개하는 중간에 소개할 사람의 이름이나 직책을 물어보는 것은 실례가 된다. 소개하는 순서는 먼저 두 사람 중 직급이 낮을 사람을 높은 사람에게 먼저 소개한다. 후배를 선배에게 먼저 소개하고 선배가 후배의 인적사항을 알고 나서 선배의 인적사항을 소개하는 것이 좋다. 같은 방법으로 나이가 적은 사람을 나이가 많은 사람에게 먼저 소개한다. 남성과 여성일 경우에는 남성을 먼저 여성에게 소개하는 것이 에티켓이다. 자기 회사 사람과 다른 회사 사람의 만남이라면 먼저 자기 회사 사람을 소개해야 한다.

명함은 어떻게 주고받나요?

명함을 교환할 때는 상대의 직위고하와 관계없이 먼저 가벼운 목례와 함께 자리에서 일어나 두 손으로 주고받는 것이 예의다. 명함은 나이가 아닌 직급에 따라 주고받는다. 아랫사람이 윗사람에게 먼저 건네는 것이 예의이고, 이때 아랫사람이 상대보다 낮은 위치로 명함을 건네야 한다. 하지만 직장 상사와 같이 동행한 경우라면 직장 상사가 먼저 상대에게 명함을 건넨 후에 자신도 명함을 건네야 한다.

명함을 받을 때는 양손으로 받거나, 오른손으로 명함을 받고 왼손으로 받친다. 만약 동시에 주고받는 상황이라면 오른손으로 받고 왼손으로 자신의 명함을 건넨다.

명함을 받은 후에는 곧바로 주머니나 지갑에 넣지 말고, 상대방의 인적 사항을 좀 더 묻거나 명함 디자인을 칭찬한다. 명함 뒷면이나 여백에 상대방에 대한 간단한 메모를 남기는 모습을 보이는 것도 좋다.

한국식 악수 방법이 있나요?

손을 맞잡아 인사하는 악수는 서양식 예절이다. 악수의 순서는 윗사람이 아랫사람에게 먼저 악수를 청하고, 선배가 후배에게, 여성이 남자에게, 기혼자가 미혼자에게 청한다. 만약 남성일 경우 장갑을 벗고 해야 하며, 여성은 벗지 않아도 된다. 악수한 상태에서 이야기를 오래하지 않으며, 상대의 손을 너무 세게 잡거나 높이 흔들거나 악수하지 않은 손을 주머니에 넣고 있는 것은 무례한 행동이다.

한국에는 전통적으로 절인사를 했기 때문에 한국식 악수 방법은 악수와 절을 동시에 하는 것이다. 서양식 악수에서 허리를 숙이며 악수를 하는 것은 예절이 아니나, 한국에서는 상사와 악수를 할 때에 허리를 편 채로 하게 되면 겸손하지 못하다는 인상을 줄 수 있다. 그래서 외국인과 인사할 때는 서양식으로 허리를 펴고 하지만, 한국인끼리 인사할 때는 머리나 허리를 약간 숙여 겸손함을 표하는 것이 일반적이다.

▶ 상사나 동료들과 만날 때마다 인사를 해야 하나요?

하루 중 처음 만났을 때는 정식으로 인사를 하고, 다시 만나게 될 때는 밝은 표정과 함께 목례를 한다.

▶ 작업 중일 때의 인사는 어떻게 하나요?

인사를 할 정도의 여유가 있다면 상황에 맞게 가볍게 목례하고, 인사를 할 수 없는 경우에는 하지 않아도 된다.

▶ 화장실에서의 만났을 때 인사는 어떻게 하나요?

화장실에서 만났을 경우에는 서로 불편하지 않게 인사하지 않는 것이 좋고, 다만 눈이 마주칠 경우에는 가볍게 목례한다.

▶ 업무 상 중요한 전화 통화 중에 상사가 사무실에 들어보면 어떻게 인사하나요?

통화에 지장이 없는 범위 내에서 상대에게 예의를 표하고, 인사말은 할 수 없더라도 웃는 얼굴로 정중히 목례 또는 눈인사를 한다.

▶ 직장 내에서 이동할 때 사람을 만나면 어떻게 인사하나요?

- 고객 앞을 지날 때는 한쪽으로 비켜서서 다소곳이 목례한다.
- 남의 앞을 지날 때는 한쪽으로 비켜서서 지나는 것이 좋다.
- 고객과 마주쳤을 때는 비켜서서 양보한다.
- 상사와 거리가 가까워졌을 때 눈을 마주치며 목례하고, 상사가 이동할 때까지 잠시 기다린다.

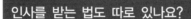

인사를 받는 법도 따로 있나요?

인사를 하는 것 못지않게 인사를 받는 법도 중요하다. 인사를 받는
것도 인사의 하나다. 상대가 먼저 나에게 인사했을 때는 즉각적으로
반응하며 인사를 해야 한다. 인사한 상대가 나의 반응을 보고 인사를
'잘 했구나' 하는 생각이 들도록 해야 하는데, 이를 위해 목소리를
다소 높이고 적극적으로 '네, 안녕하십니까?'라고 응답하고, 이어서
날씨나 건강 같은 주제로 상대에 대한 관심을 표현하는 것이 좋다.

호칭 예절은 정말 힘들어요

한국인들은 직장을 단순히 일터라고 생각하지 않고, 제2의 집이
라고 인식해왔다. 요즘은 평생직장의 개념이 무너지고 이직이 보편
화되면서 직장을 돈을 버는 곳이라는 인식이 커지고 있지만, 90년대
중반까지 유지되었던 평생직장 개념과 연공서열의 관습은 상호 호
칭과 대화방식에서 특유한 언어적 관습을 만들어냈다. 경제구조나
상황은 쉽게 바뀔 수 있지만 언어 관습은 보수적 성향을 띠기 때문
에 연공서열보다는 능력, 수직적 결정방식보다는 수평적인 결정방
식을 선호하는 현대 기업에서도 기존의 언어 관습은 아직 유효하다.
먼저 관습적인 호칭 방식을 살펴보고, 최근의 기업 호칭 문화의 변

화 가능성에 대해서도 알아보자.

1) 상사에 대한 호칭

상사를 직접 만나 부를 때에는 "홍 부장님"처럼 성과 직위에 '님' 자를 붙인다. 상사에게 자신을 호칭할 때에는 "김 과장입니다"처럼 '저' 또는 성과 직위(직명)를 사용한다. 다른 부서의 상사일 경우, '인 사과장님', '총부과장님'처럼 부서명과 직급을 같이 호칭한다.

2) 동료나 부하직원에 대한 호칭

동료나 부하직원에게는 "이 대리, ○○○씨"처럼 성과 직위 또는 직함으로 칭한다. 초면이거나 선임자일 때엔 같은 직위라도 '님' 자를 붙인다. 자신을 칭할 땐 '나'라고 하고 동료나 부하 직원을 부를 때는 "이 대리, 철수 씨"처럼 바로 부르지만, 부하 직원이라도 나이가 많으면 '님'을 붙여 예우하는 것이 좋다.

3) 윗사람을 그보다 더 윗사람에게 말할 때

"부장님, 과장님은 잠깐 외출하셨습니다"처럼 윗사람 모두에게 '님'을 붙인다. 하지만 과장은 부장보다 아랫사람이므로 '-은' 대신 '-께서'를 쓰면 예의가 아니다.

한국 기업에서 오랫동안 관습화된 호칭 예절은 위와 같지만, 최근에는 수직적인 위계질서가 업무 효율을 저해한다고 생각하여 수평적인 관계로 전환하기 위해 호칭을 이름에 '님'으로 붙이는 것으로

삼성전자 호칭 개선

바꾸자는 기업도 생겨났다. 하지만 아직까지 기업 전반으로 이런 변화가 확산된 것은 아니므로 기존의 관습적 호칭 방법을 따르는 것이 좋다.

전통적인 대화 방식의 예를 보여 주세요

※ 전통적인 대화 방식

인사과장 : (총무부장에게 전화로) 부장님이십니까? 저 인사과 김과장인데 사장실에 와 있습니다. 사장님이 좀 보자십니다.

☞ '보자십니다'는 "보자고 하십니다."의 준말이다. "좀 뵙자십니다." 또는 "좀 보시잡니다."라고 쓰면 틀린 표현이다. "사장님 실"이라고 쓰면 안 되고 "사장실"이라고 해야 한다. 사장에 대해서만 존칭을 쓰고 근무하는 방실에는 존칭을 붙이지 않는다. 그리고 자기 직속 상사 앞에서 자기를 "인사과장입니다."하는 것이 아니고, 원칙은 "인사과 김○○입니다." 하고 말해야 하지만, 일반적으로는 "인사과 김과장입니다"로 한다.

총무부장 : (사장실로 와서 사장에게) 이번 신입사원 모집에서 스펙이나 경력보다는 학벌 위주로 선발하라고 하시지만 저는 문제 해결식 면접이나 심층 면접을 강화하여 지원자의 능력을 검증하는 것이 어떨까 합니다.

사장 : 인사과장의 의견은 어때요?

인사과장 : 사장님 방법은 합격자들을 단기간에 선별하여 인사행정에 들어가는 시간과 인력을 아낄 수 있고, 부장 방법을 따르면 신입사원의

재교육으로 인한 시간 낭비를 줄일 수 있습니다. 그래서 이번에는 부장 의견을 따르는 것도 나쁘지 않을 거라 생각합니다.

☞ 이 말은 인사과장이 자신의 상사 의견에 대해서 사장에게 말하는 것인데, 압존법을 사용하여 존칭을 사용하지 않고 "부장 방법", "부장 의견"으로 말했다. 하지만 현재에는 압존법을 과도하게 사용하지 않는 추세다. 그래서 "부장님 방법", "부장님 의견"이라고 하는 것이 자연스러울 때가 많다.

총무부장 : 인사과장, 합숙면접을 실시하는 회사들도 있다면서요?

인사과장 : 예 부장님. 2010년부터 ○○기업에서 합숙면접을 해오고 있는데, 좋은 인재들을 선발하는데 도움이 된다고 합니다.

☞ 인사과장의 말을 듣는 사람이 총무부장이므로 당연히 "부장님"이라고 존칭을 써야 한다. 비록 사장 앞이라도 듣는 사람 중심으로 말해야 한다. 원래 "부장(部長)"이라는 말에 이미 '어른 장(長)'이 붙어 있어 존칭이라고 할 수 있지만, 관습적으로 "님"을 붙이고 있기 때문에 이를 따라야 한다.

한국 직장 상황 대화하기	★ 역할극
㉠ 상사–신입사원 : 회식 때 옆자리에 앉은 상사와 신입사원이 술을 마시며 이야기하는 상황 ㉡ 상사–부하직원 : 부하직원이 상사에게 야근을 빼달라고 부탁하는 상황 ㉢ 신입사원의 자기소개 : 입사 후 첫날 자기소개를 하고 상사의 질문에 대답하는 상황	✔ 짝활동 ✔ 조별활동 ✔ 전체활동

① 학습자에게 상황을 이해시킨 후 2인 1조씩 정하도록 한다.
② 윗사람과의 대화에서는 한국 직장 상황과 윗사람에 대한 높임법이 적절한지 확인해 준다.
③ 대화가 완성되면 앞에 나와서 대화와 행동을 함께 해 보도록 하고 교사가 피드백을 해 준다.

한국 회사 견학하고 인터뷰하기

① 교사는 학생들이 견학할 한국 회사 리스트를 미리 확보해 놓는다.
② 교사는 각 회사의 학생 견학 담당자와 충분한 논의를 하여 견학 코스 및 내용, 인터뷰 가능자 등을 확정한다.
③ 견학을 원하는 회사를 학생들과 함께 논의해서 선택하고 결과에 따라 조를 구성한다.
④ 학생들은 조별로 해당 회사에 대하여 인터넷 등을 이용하여 정보를 조사한다.
⑤ 학생들은 해당 회사의 사원에게 질문하고 싶은 내용을 정리한다.
⑥ 견학 당일에 학생들은 견학 코스대로 견학을 진행하고, 예정된 사원 1~2인과 인터뷰를 한다.
⑦ 견학 체험 사진 및 인터뷰 내용을 정리한다.
⑧ 다음 수업 시간에 발표하고 질의응답 시간을 갖는다.

★ 견학
★ 인터뷰
★ 발표

✔ 짝활동
✔ 조별활동

동호회 만들고 광고하기

① 학생들 3~4인씩 조별 구성을 한다.
② 조별로 학생들은 하고 싶은 동호회에 대하여 이야기를 나눈다.
③ 동호회의 이름, 모임 횟수, 장소, 구체적인 활동 내용 등을 종이에 적도록 한다.
④ 조별로 큰 종이에 동호회를 광고하는 광고지를 만든다. 광고지에 신청하는 공간을 만들어 놓는다.
⑤ 완성된 광고지를 교실 벽에 붙이고 모든 학생들은 돌아다니면서 광고를 보고 관심 있는 동호회 광고지의 신청란에 이름을 쓴다.
⑥ 학생들 모두 신청이 끝난 후 가장 인기 있는 동호회의 순위를 확인한다.

★토론
★광고 만들기

✔ 조별활동

제4강

스타도 공장에서 만드나요?

방송 문화

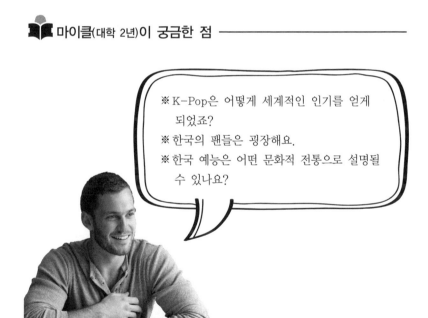

마이클(대학 2년)이 궁금한 점

> ※ K-Pop은 어떻게 세계적인 인기를 얻게
>   되었죠?
> ※ 한국의 팬들은 굉장해요.
> ※ 한국 예능은 어떤 문화적 전통으로 설명될
>   수 있나요?

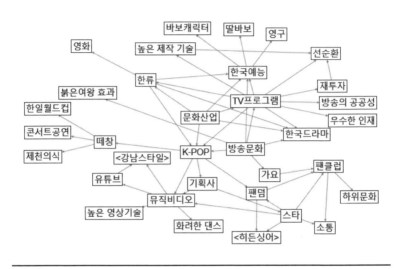

바보캐릭터 딸바보 영구
영화 높은 제작 기술 선순환
한류 한국예능 재투자
붉은여왕 효과 TV프로그램 방송의 공공성
한일월드컵 문화산업 우수한 인재
콘서트공연 한국드라마
제천의식 떼창 방송문화
<강남스타일> K-POP 가요 팬클럽
유튜브 기획사 팬덤 하위문화
뮤직비디오 스타 소통
높은 영상기술
화려한 댄스 <히든싱어>

한국의 방송 프로그램이 갖는 경쟁력은 뭔가요?

한국 TV 프로그램은 80년대 이후 우수한 인재와 물적 자원이
KBS, MBC 등 지상파 방송에 집중되어 방송 제작과 기획 능력을 제
고했다. 이를 통해 확보한 경쟁력 덕분에 수입(미국) 프로그램의 수
입이 줄고, 자체 제작한 한국 프로그램이 인기를 얻게 되어 영화나
음반 같은 관련 문화산업에도 긍정적 파급효과를 가져왔다. 한국 내
문화산업 시장에서 TV 방송국의 자체 제작 프로그램이 경쟁력을 가
지게 되자 다른 문화상품에도 투자를 증대하였고 이는 성공적 성과

의 선순환을 낳았다. 결론적으로 한국 TV 방송의 인적, 물적 자원의 투자가 경쟁력을 높였고 이를 통해 한국 TV 방송이 세계적인 경쟁력을 갖추게 된 것이다.

한국 방송이 발전하게 된 성장 동력은 무엇입니까?

'한류(韓流, Korean Wave)'라는 말이 2000년 중국 언론에서 처음 사용되었을 때만 해도, 한류가 전세계적인 문화 현상을 가리키는 말이 될 줄은 짐작하기 어려웠다. 하지만 이제 한류는 한국 방송 산업은 물론 한국 음식, 패션, 뷰티, 관광, 광고, 공연, 게임 등으로 그 영역을 확장해 가고 있다. 한류가 발생하기 직전 한국 방송계에는 어떻게 그런 성장 동력을 마련할 수 있었을까?

한국 방송관련 산업의 경쟁력 증가의 배경은 다음과 같다.

1960년대~80년대까지 정부는 방송을 통제한 대신 경제적인 지원을 통해 지상파 방송사들은 높은 수익을 낼 수 있었다. 이는 다시 고급 인력과 방송시설 및 기자재에 대한 충분한 투자로 이어졌고 외국 프로그램에 견줄 만한 자체 프로그램 제작 능력을 향상시켰다. 90년대에 들어 방송 관련 산업의 자유화로 다양한 방송 채널이 추가되고 뉴미디어 산업이 발전하기 시작했으며 각 방송 기관 사이의 경쟁이 시작되었다. 경쟁의 증가로 더 좋은 프로그램 제작을 위한 제작비의 상승과 효율적인 경영이 이루어졌으며 한국 방송관련 산업은 빠르게 경쟁력을 높여나갔다. 2000년대에 들어 한국 프로그램의 경쟁력은 수입 프로그램을 앞지르게 되었고, 한국 드라마가 해외에서 큰 인기를 얻게 되면서 점차 한국 영화, K-Pop 등으로 투자가 이루어졌다. 이런 해외수출 콘텐츠들이 크게 성공하면서 한국 방송 관련 산업은 투자와 시장성과의 선순환이 이어지고 있다.

한류라는 말은 어떻게 쓰이기 시작했어요?

한류는 1990년대 후반부터 시작된 한국의 대중문화를 포함한 한국어, 기술 관련 상품, 음식, 게임, 애니메이션 등이 해외에서 인기를 얻는 현상을 말한다. 위키백과와 한국어사전, 백과사전 등에서는 한류의 유래를 대만 언론의 '하일한류(夏日韓流) 중국 언론의 '일진한류(一陣韓流)'에서 찾고, 한류가 차가운 해류를 뜻하는 '한류(寒流)'와 발음이 비슷하다고 했다. 하지만 '한류(寒流)'를 '차가운 해류'라는 뜻으로만 사용하는 것은 한국과 달리, 중국에서 '한류(寒流)'은 기상용어로서 차가운 해류를 포함한 '한파(寒波)'를 뜻한다. 중국 바이두사전에는 한류(韓流)가 바둑으로부터 기원했다고 적고 있는데, 이는 1989년 바둑의 종주국인 최강 중국을 조훈현 기사가 제1회 응씨배 세계바둑대회에서 당시 세계바둑 1인자인 녜웨이핑을 상대로 기적 같은 역전승을 거두며 시작된 한국바둑을 두고 한 말이다. 90년대 이후 한국바둑이 세계바둑을 제패한 데에 중국 바둑계에 한파가 불었다는 의미에서 '한류

(寒流)'라고 표현하고 이를 다시 발음이 같은 한류(韓流)로 신조어를 만들어 언론에서 씀으로써 '한류'라는 단어가 시작된 것이다. 애초에 한류는 호의적인 수용 태도에서 시작된 것이 아니었지만, 1993년 드라마 〈질투〉가 중국에서 인기를 끌면서 한국 드라마에 대한 호의적인 단어로 그 기능을 바꾸어 사용하게 된 것이다.

한국의 대중문화 상품을 접한 외국인들이 한국의 대중문화에 열광하고 동경하며 배우려는 문화현상인 '한류'는 이제 중국과 대만, 베트남 등 동아시아 지역에서 한국 가요, TV드라마, 영화 등에 대한 관심과 선호가 증가하는 사회 문화적 현상으로 정의되고 있다. 특히 2000년 이후에는 TV드라마, 대중가요, 영화 등의 한국 대중문화와 더불어 김치, 고추장, 라면, 가전제품 등 한국과 관련된 다양한 제품들까지 선호하는 현상이 나타났으며, 이러한 현상을 포괄하는 의미로 '한류'라고 정의하고 있다.

한류의 탄생부터 지금까지의 흐름을 설명해 주세요

1997년부터 2000년대 초는 한류가 시작되는 시기로서 〈사랑이 뭐길래〉같은 드라마나 아이돌 그룹 H.O.T의 음악이 중국, 대만, 베트남에서 인기를 끌었다. 2000년대 초에서 중반까지는 〈겨울연가〉, 〈대장금〉 등 드라마와 함께 음악, 영화, 게임이 중국, 일본, 대만, 동남아시아에서 큰 인기를 끌었고, 2000년대 중반 이후에는 한류

현상이 다양화되면서 드라마와 음악은 물론이고, 게임, 영화, 만화, 캐릭터, 한식, 한국어가 세계 각지로 퍼져 나가고 있다.

한류와 관련한 신문 보도를 간단히 정리하면 다음과 같다.

뉴스 빅데이터로 보는 한류 변천사

우리 문화계 일본 진출 활발
[서울경제 I 2001.03.19.]

일본인 120여만 명이 관람한 '쉬리'를 시작으로 우리 영화의 일본진출이 지속적으로 확대되고 있다.

2001.03.19.

2002.07.06.

소녀가수 보아 佛 르몽드 소개
[경향신문 I 2002.07.06.]

르몽드는 지난달 1일자 신문에서 "보아는 파워풀한 목소리, 노래와 춤을 한꺼번에 조화시키는 재능으로 일본 열도에서 성공을 거둔 최초의 한반도 출신 가수라고 하며…"

'K-Pop' 김우현 "연기로 뜰래"
[헤럴드경제 I 2004.01.30.]

KBS 드라마시티 '나는 나다' 주인공 캐스팅 남성 5인조 댄스그룹 'K-Pop'의 멤버 김우현이 연기영역에 도전장을 내밀었다. 다음달 15일 방송하는 KBS2 드라마시티 '나는 나다'(극본 하지윤·연출 엄기백)에 주인공 원강 역에 캐스팅된 것.

2004.01.30.

2005.02.21.

韓流, "동양적 문화대안 될것인가"
[강원도민일보 I 2005.02.21.]

아시아를 휩쓸고 있는 한류(韓流) 열풍을 조명하는 국제학술세미나가 잇따라 열린다. 중앙대 한류문화아카데미는 22일 오후 1시반 서울 중구 장충동 타워호텔에서 '한류의 세계화와 토착화'를 주제로 한중일 국제세미나를 개최한다.

Mnet 日 진출 "방송통해 한류 확산"
[경향신문 I 2006.02.23.]

주J미디어가 일본에 진출, 방송을 통한 한류
확산에 나선다. CJ미디어는 일본 도쿄에 현
지법인인 'CJ미디어 재팬'을 설립하고 다음
달 1일 한국 전문 엔터테인먼트 채널인 'Mnet'
을 개국한다고 22일 밝혔다.

2006. 02.23.

K-Pop 옥스포드 등재 "K-Pop 세계를 홀리
다! 이젠 사전에서도?"
[매일신문 I 2008.10.09.]

'K-Pop 옥스포드 등재' 소식이 화제다. 워싱
턴 뉴스 전문 라디오방송 WTOP 등 외신은 옥
스포드 영어 사전에 K-Pop을 등재했다고 …

2008. 10.09.

K-Pop콘서트, 전진·신혜성 등 출연…한류
불씨 되살린다.
[전북도민일보 I 2009.01.30.]

일본 도쿄에서 열리는 한류 콘서트 '케이팝 수
퍼 라이브(K-Pop SUPER LIVE)' 콘서트에
관심이 고조되고 있다.

2009. 01.30.

'뮤직뱅크' 세계 최초로 54개국 동시 생방송
[경향신문 I 2010.08.27.]

매주 금요일 오후 5시50분 KBS 2TV에서 방
송되는 〈생방송 뮤직뱅크〉가 27일 세계 최
초로 해외 54개국에 동시 생방송된다. 신(新)
한류를 주도하는 음악프로그램을 지향하며
마련된 이번 〈생방송 뮤직뱅크 K-Pop 특
집〉에서는 K-Pop을 사랑하는 세계인들이
참여할 …

2010. 08.27.

'K-Pop'의 모든 것 영문 책자 발간
[헤럴드경제 I 2011.11.15.]

K-Pop에 대한 궁금증을 풀어줄 외국인을 대
상으로 한 영문 한국 대중음악 소개 책자
'K-Pop : A New Force in Pop Music' (이하
'K-Pop')이 나왔다. 해외문화홍보원(원장 서
강수)은 한류의 확산으로 한국 문화 전반에
대한 관심이 높아짐에 따라 'K-Culture' …

2011. 11.15.

2012.07.31.

"소셜 미디어가 K-Pop 열풍에 기여"
[내일신문 I 2012.07.31.]

김호상 KBS PD 'K-Pop' 관련 1호 논문 발표
인기프로그램 뮤직뱅크, 청춘불패 등을 연출
한 18년차 예능PD가 K-Pop 관련 논문을 발
표해 관심을 끌고 있다. 김호상 KBS PD가
쓴 'K-Pop의 해외진출 성공전략에 관한 연
구'는 K-Pop의 인기요인과 경쟁력 등을…

2013.04.29.

젊음과 열정이 녹아 있다 'K-Pop 아트'
[광주일보 I 2013.04.29.]

젊은 청춘들이 K-Pop 음악으로 열정을 피
워내고 있다. 몇몇 젊은이들의 열정은 전세
계에 한류 열풍을 지폈다. 이제는 K-Pop 음
악을 넘어 K-Pop 아트에서 한류열풍이 꿈
틀대고 있다.

2014.01.24.

가온차트 K-Pop 어워드, 예스24서 티켓 무
료 배포 [파이낸셜뉴스 I 2014.01.24.]

오는 2월 12일 오후 2시 서울 올림픽공원에서
열리는 제 3회 가온차트 K- POP 어워드의
무료 티켓이 예스24를 통해 오픈됐다. MC 오
상진과 소녀시대 유리가…

2015.10.27.

KFM 경기방송 'K-Pop 콘서트', 블락비 바
스타즈-에일리-여자친구 등 출격…기대감
'UP' [세계일보 I 2015.10.27.]

'KFM 경기방송 K-Pop콘서트'가 개최를 알
리며 기대감을 모으고 있다.

2016.02.17.

'2016 가온차트 K-Pop 어워드' 자이언티,
팬들과 '양화대교' 열창 "행복하자 아프지말
고~" [세계일보 I 2016.02.17.]

'가수 자이언티가 '가온차트 K- POP 어워
드'에서 …

한국 드라마는 한류를 만든 원동력이다. 세계인들이 한국 드라마를 포함한 한류 정보를 구글에서 얼마나 검색하는지를 조사한 결과를 보면, 2001년만 해도 미미했던 한류 검색량이 2010년대에 접어들면서 폭발적으로 늘고 있다. 구글이 차단된 중국은 제외한 결과이다.

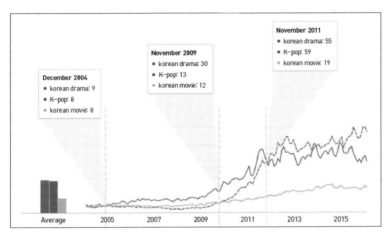

출처 : 2015 〈한류백서〉, 한국문화산업교류재단

특히 2004년~2009년은 드라마에 관한 검색량이 눈에 띄게 증가했다. 한국 드라마의 인기를 주도한 것은 〈대장금〉이었다. 〈대장금〉은 2004년 3월에 한국에서 종영된 이후, 2009년 말까지 전 세계 60여 국가에 수출되면서 큰 인기를 누렸다. 이란에서는 90%라는 놀라운 시청률을 기록하기도 했다. 이란은 〈대장금〉의 배경인 조선시대와 마찬가지로 여성들의 사회적 지위가 낮아 주인공 대장금의 처지에 대해 공감하기 쉬웠다고 한다.

드라마가 가진 힘은 우선 드라마의 스토리와 소재에서 찾는다. 스토리 전개가 재미있고 소재 자체가 흥미가 있을 때 시청자들의 관심을 끌 수 있기 때문이다. 〈대장금〉은 조선시대를 배경으로 한국 전통의 유교문화, 음식문화가 녹아있고, 스토리의 사필귀정 주제와 주인공의 고난 극복 과정이 20세기 불굴의 성장의 이루어낸 한국의 이미지와 맞아떨어져 같은 한국과 가까운 유교문화권의 국가들에서 쉽게 수용할 수 있었다. 그러나 스토리나 소재가 아무리 좋아도 그것을 영상으로 잘 구현하지 못하면 드라마는 실패한다.

한국 드라마가 세계적인 인기를 끌게 된 것은 무엇보다 영상문학인 드라마 제작 기술의 수준이 높기 때문이다. 처음 한국 드라마가 대만에서 인기를 끌 때에는 비싼 일본 드라마를 대체한다는 의미가 강했다. 하지만 2010년 이후에는 제작 단계에서부터 한국과 중국이 합작으로 투자·제작 및 배급하는 방식이 도입되고 있어 한국 드라마가 한국의 일방적 수입원이 아니고 한국 드라마를 시청하는 국가에도 수입원으로 기능하게 되었다.

한국 드라마는 매주 20여 편이 발표되고 있고, 제작비는 편당 2억 5천만 원 정도다. 2010년 등장한 종합편성채널들은 시청률 확보를 위해 드라마 제작에 전문 인력과 제작비의 투입을 아끼지 않고 있고 지상파 방송과 케이블 방송이 서로 경쟁하면서 드라마의 완성도는 더욱 높아지고 있다. 드라마에게 중요한 것은 연기의 완성도와 잘 짜

여진 스토리이기 때문에 제작비의 상당 부분은 A급 연기자와 작가에게 돌아간다. 2003년 A급 연기자의 회당 출연료와 A급 작가의 원고료가 600만원이던 것이, 2006년에는 2,500만원, 2012년에는 1억원을 상회하고 있다. 그만큼 드라마를 성공시키기 위한 재투자가 과감했고 실제로 그러한 재투자가 드라마 한류의 힘이 되고 있다. 한편 이미 성공한 드라마들을 벤치마킹하여 세계인들이 공감할 수 있는 소재와 스토리전개 및 탈한국적 배경을 사용함으로써 한국 문화에 대한 타국 정부의 거부감을 완화시키는 전략도 성공적이다. 또한 한국 정부가 정책적으로 드라마 수출을 지원하고 있고, 국내에서 크게 성공한 드라마가 많고 무엇보다 재투자에 대해 과감하다는 점도 한국 드라마의 힘이다.

무엇보다 드라마를 구성하는 여러 요소들의 성공적 조합이 '재미'를 만들어내기 때문에, 한국 드라마의 힘을 어느 하나로 지목할 수는 없다. 한국 드라마 열풍은 과도한 한국 드라마 열기를 저지하려는 각국 정부의 제재로도 이어지기도 하는데, 그럼에도 불구하고 한국 드라마가 지속적으로 인기를 얻고 있는 것은 시청자들의 마음을 사로잡기 위한 제작사의 노력과 일방적인 수출에서 공동 제작·공동 수익 분배라는 상호호혜적인 마케팅으로 전환 전략 덕분이라고 생각된다. 잘 만들어진 한 편의 드라마는 세계인의 공감력을 높이고, 각국 방송사의 수익을 창출하며 공동 제작사들에게 이익을 분배한다. 이는 다시 좋은 드라마의 투자로 이어져 한국 드라마의 힘이 된다.

한국 드라마 산업은 공중파방송국을 중심으로 제작 인력 및 제작 환경에 대한 투자를 바탕으로 성장했다. 공중파방송국에서 드라마 제작으로 외주방식으로 전환하기 시작한 1995년 이후 드라마제작은 프로젝트 방식으로 이루어졌다. 작가, 연기자, 연출자, 투자자 등 여러 가지 생산요소들이 그때그때 최고의 프로젝트 팀을 구성하는 방식으로 방송콘텐츠의 제작이 이루어지게 되면서 한국의 드라마는 그 완성도와 높은 품질을 갖추게 되어 갔다. 2000년대 중반에는 통신산업과 방송산업의 융합이 이루어지면서 '방송의 공공성'과 '경쟁을 통한 상품 경쟁력의 극대화'를 동시에 추구하게 되었다. 드라마 제작 주체가 대폭 늘고, 능력 있는 제작자의 이동이 빈번해지면서 드라마 제작 프로젝트팀 간의 기술적인 격차도 좁혀지게 되어 내부 경쟁이 극심해졌다. 외주 제작사는 방송사로부터 편성을 받기 위한 경쟁을 하고, 편성된 후에는 동시간대의 드라마들과 시청률 경쟁을 해야 하며, 후속시장에서는 부가수익 경쟁에서 성공해야 한다. 서로 간의 경쟁이 심화되면서 '붉은여왕 효과(Red Queen Effect)'가 나타나면서 한국 드라마의 수준과 완성도는 더욱 높아졌다.

붉은 여왕 효과

 '붉은 여왕 효과'란 〈이상한 나라의 엘리스〉의 후속작인 〈거울 나라의 엘리스〉에서 붉은 여왕이 엘리스에게 한 말에서 유래한 것이다. "네가 같은 곳에 머물려면 지금처럼 전력을 다해서 뛰어야 한다. 그러나 만일 다른 곳으로 가기를 원한다면, 너는 적어도 지금보다 두 배는 더 빨리 달리지 않으면 안 된다." 붉은 여왕의 손을 잡고 숲속을 한참 달리던 엘리스는 주변을 둘러보고 자신이 한 걸음도 앞으로 나아가지 못했다는 것을 알게 된다. 붉은 여왕의 나라에서는 주변 세계도 동시에 움직이기 때문에 열심히 뛰어도 제자리인 것이다. 한국의 드라마 제작 환경은 붉은 여왕의 나라와 비슷하다. 여러 드라마 생산 주체들이 치열하게 경쟁하고 있고, 그 안에서 조금이라도 앞선 품질을 생산해 내기 위해서 무한경쟁을 펼치고 있기 때문이다.

한국 대중음악은 현재 K-Pop으로 불리며 전세계적으로 인기를 얻고 있다. 1980년대에는 조용필, 계은숙, 김연자 등이 일본에서 인기를 얻었고, 1990년대 H.O.T, 클론 등이 중국에서 정식으로 음반을 출시하며 팬클럽이 조직되기도 했다. 그리고 2000년대 이후 K-Pop은 한류에서 중요한 부분을 차지하며 해외로 확산되고 있다. 이러한 K-Pop의 해외 인기는 2012년 싸이의 〈강남스타일〉로 정점을 찍었고, 아시아뿐 아니라 아메리카, 유럽까지 진출하게 되었다.

K-Pop이 국내 소비에 머무르지 않고 해외로 진출해서 성과를 거두기 시작한 것은 1980년대 성인가요가 일본으로 진출해서 큰 성과를 거둔 사례부터 거론된다. 조용필, 패티김, 김연자, 계은숙 등은 국내 인기에 만족하지 않고 더 큰 시장인 일본으로 진출해 톱스타들만 초대되는 NHK 〈홍백가합전(紅白歌合戰)〉에 출연하는 등 일본 엔카와 가라오케 시장에서 성공했다. 특히 계은숙은 〈홍백가합전〉 6회 출연 기록을 갖고 있다. 이는 보아나 동방신기도 넘지 못한 기록이다.

이후 1990년대 한류의 현상이 발생하며 1998년 H.O.T, 클론 등이 중화권에서 정식 음반을 출시하며 해외로 진출했다. 1998년 SM은 해외로 진출할 계획을 갖는다. 당시 H.O.T를 통해 얻었던 수익 30억 원을 모두 해외진출을 목표로 아이돌가수를 만드는 데에 투자한다는 계획이었다. 구체적인 기획회의 결과는 1) 시장이 커질수록 선명하게 10대 쪽으로 특화한다. 2) 국내시장 인기를 바탕으로 세계시장에 나간다. 3) 국내든 해외든 남자가수로는 차별화가 어렵다. 4) 완벽한 댄스 실력을 갖춘 여자 신인이 필요하다. 5) 데뷔 나이가 13세여야 국내와 해외시장을 동시에 겨냥할 수 있다 등이었다. 2000년대 접어들며 SM의 보아를 시작으로 YG, JYP 등이 해외시장을

K-Pop에 대한
외국인의 반응

겨냥한 한국형 아이돌들을 배출하며 자본, 조직, 기획력을 앞세운 K-Pop의 해외진출이 본격적으로 시작됐다.

　K-Pop이 세계적인 인기를 얻은 비결로 가장 많이 이야기 되는 것은 역시 화려한 댄스와 수준 높은 뮤직비디오를 든다. 거기에 아이돌가수의 비주얼과 이미지메이킹도 큰 비중을 차지한다. 음악을 상품으로 소비하면서 기획사에서는 예술성보다는 상업성을 기준으로 음악 그룹을 조직한다. 처음부터 중국, 태국, 일본 등의 해외 음악시장을 겨냥하고 다국적 아이돌 그룹이나 외국음악가 참여를 기획한다. 예컨대, 2PM의 닉쿤, 미쓰에이의 페이와 지아(2016년 탈퇴), 에프엑스의 빅토리아 등은 한국에서 한국 기획사 소속으로 한국어로 노래하며 활동 중이며, 소녀시대의 앨범에는 린디 로빈스(Lindy Robbins), 켄지(Kenzie), 브렌트 패슈키(Brent Paschke) 등 해외뮤지션들이 참여하기도 했다.

　싸이의 〈강남스타일〉은 코믹한 댄스와 감각적인 뮤직비디오로 유튜브(YouTube)에서 큰 인기를 얻었다. K-Pop이 지향하는 영상적 요소 즉 댄스가 세계인의 마음을 움직였다. 리모 셔프만(Limor Shifman) 히브리대학 교수는 유튜브에서 인기 있는 동영상들을 분석한 논문에서 그 공통점을 다음과 같이 내놓았다. 평범한 인물로서 약간 모

자란 듯한 남성이 보여주는 행동에서 유머, 단순성, 반복성, 기발하고 엉뚱한 내용(ordinary people, flawed masculinity, humor, simplicity, repetitiveness and whimsical content)을 발견할 수 있다는 것이다. 말하자면 영상콘텐츠의 세계적인 흐름을 K-Pop이 따라가려고 노력하고 있고 음악과 시각적 요소들을 결합한 음악상품을 만들고 있는 것이다. K-Pop의 많은 뮤직비디오가 유튜브에 올라와 음악 한류를 지속시키고 있다. 이러한 K-Pop에 대한 세계인의 반응은 점점 뜨거워지고 있다.

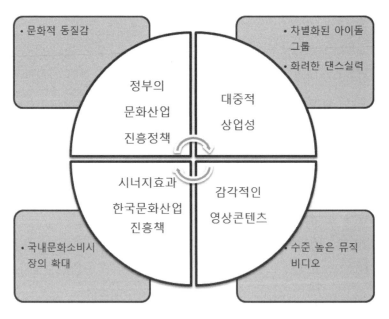

〈한류스토리〉 2016.06. 20~21쪽 참고

팬(Fan)이란 말은 서양문화의 전래와 함께 들어온 말이다. 원래 팬은 16~17세기 종교적 의미에서 쓰였던 '열정적이고 헌신적'이란 뜻의 'Fanatic'으로부터 유래되었다는 설과 19세기 말 미국 스포츠 팬에 대해 '무언가를 강렬하게 좋아하는'이란 뜻의 'Fancy'를 쓰면서 나중에 줄임말로 'Fan'이 되었다는 설이 있다. 전자는 추상적 가치에 대해서 '열정과 헌신'을 바치는 것이고 후자는 '좋아하는 것에 대한 강렬함'을 표현하는 것인데 한국의 팬 문화 변천과정을 보면 처음에는 'Fancy'한 성격에서 최근에는 'Fanatic'한 성격으로 진화하고 있음을 알 수 있다.

팬은 문화상품인 스타를 대중이 소비하는 과정에서 발생한다. 미국의 록가수 '엘비스 프레슬리(Elvis Presley)' 같은 스타는 당대를 대표하는 문화상품이었으며, 그가 등장하는 영화는 흥행이 보증될 정도였다. 스타의 인기에 편승해 영화를 제작하는 스타 비이클(star vehicle)이 가능했던 것은 그의 두터운 팬층 때문이었다. 한국에서는 80년대 이전까지 팬 문화가 제대로 자리잡지 못했다. 스타가 만들어지는 매체인 텔레비전이 보급된 것은 62년이었지만 1970년에도 텔레비전 보급률은 6.5%에 불과했다. 1977년이 넘어서야 50%를 넘었으며 1980년에는 80%를 넘을 수 있었다. 팬층이 제대로 형성되지 못했던 두 번째 이유는 정부의 검열 정책 때문이었다. 가사와 노래 장르에 대한 통제는 물론이고 대마초 흡입 단속은 가수들의 문화

상품으로서의 가치를 훼손시켰다. 가수들은 신문의 문화면보다는 사건·사고를 다루는 사회면에 그 이름이 자주 등장했으니 가수에 대한 팬클럽이 형성될 여지가 없었다.

1980년 조용필의 〈창밖의 여자〉가 큰 인기를 끌면서 '필그림', '위대한 탄생' 등 팬클럽이 자발적으로 생겨났다. '오빠부대'라는 말이 생길 정도로 여성팬들이 적극적으로 활동했고 이 팬클럽들은 아직까지도 이어지고 있다. 정치와 문화면에서 이전보다 더 많은 자유가 허용되기 시작했던 80년대 중·후반 이후부터 한국의 팬 문화는 본격적으로 발전하기 시작했다. 콘서트의 가수와 청중으로 시작된 만남은 90년대 '서태지와 아이들'의 출현 이후 '팬클럽'의 상설 조직화로 이어져서, 90년대 이후 출현한 아이돌 그룹들의 인기는 팬클럽의 활동에 따라 평가되기도 했다. 10대 청소년들이 주축이 되어 조직했던 공식·비공식적 팬클럽은 청소년기의 '강렬한 열정(Fancy)'을 스타와 자신을 동일시하는 동화작용(同化作用)이나 자신과는 다른 존재로 숭배하는 이화작용(異化作用)으로 스타들을 대사(代謝)했다. 그 과정에서 자신들의 스타의 인기를 위해 팬클럽 간의 경쟁이 과열되기도 하여 한때 청소년 문제로 지적되기도 하였다.

그룹 〈서태지와 아이들〉

스타의 노래와 인생관에 영향을 받는 팬들은 스타와 같은 스타일의 옷을 입고, 말투를 따라하며 스타의 음악에 빠져 산다. 스타를 텔레비전으로 보는

데서 그치지 않고 공연장에서 만나고 팬클럽 활동을 통해 소통하려 한다. 스타를 만드는 기획사가 파생시키려는 다양한 연관 문화상품들의 1차적 소비자층이 바로 팬클럽이다. 따라서 팬클럽은 한국의 문화산업 발전에 있어서 일정한 긍정적인 기능을 하고 있다고 해도 과언이 아니다.

착한 팬, 스타를
빛나게 하다

60~70년대에 일탈적인 하위문화로 취급받던 대중가요가 90년대 이후 주류 문화로 변화하면서 스타를 따라다니는 팬에 대한 사회적 시선도 바뀌었다. '오빠부대'라고 철없는 10대 청소년으로 치부되었던 팬클럽은 이제 새로운 문화를 만들고 확산시키는 문

위로하는 팬과
감동하는 스타

화산업의 한 기둥이 되었다. 단순히 특정스타를 동경하고 따르던 것에서 사회·문화적 활동으로 그 영토(dom)를 확장하는 '팬덤(Fandom)'을 형성한 것이다. 과거 일부 팬클럽들이 팬 상징 색깔이나 응원도구, 방송국의 방청석 경쟁과 같은 것으로 스타 자체에 대한 열광에만 집착했던 것과 달리, 최근의 팬클럽들은 기부와 봉사로 스타의 이미지를 신성한 것으로 바꾸어 놓기도 한다.

소통하는 팬 문화에서 이제는 삶의 의미와 보람을 생각하게 하는 팬 문화로의 진화는 스타와 팬의 상하 관계도 역전시켜 놓을 때가 있다. 최근의 〈히든싱어(Hidden Singer)〉라는 일반인들이 스타의 노래를 모창하는 방송에서 모창자로 나온 팬들의 진심어린 노래와 위로가 가수를 눈물 흘리게 할 때가 한 두 번이 아니다. 스타가 팬을 감동시키는 것이 아니라 팬이 스타를 감동시키는 것이다. 'Fancy'한

팬 문화에서 'Fanatic'한 팬 문화로의 진화다. 기획사와 방송매체라는 상업적 이해가 항상 스타와 팬의 중간에서 예술에 대한 순수함을 이용하지만, 예술가인 '스타'와 그 예술을 순수하게 즐기는 '팬'의 '진정한 소통'은 한국의 대중문화를 더욱 성숙하게 만들고 있다.

한국의 '떼창'은 정말 굉장해요

'떼창(singalong)'이란 가수의 공연을 관람하는 청중들이 노래를 같이 부르는 것을 말한다. 떼창은 다 같이 노래한다는 뜻의 제창(齊唱)과 똑같은 뜻이라고 할 수 없다. 화성부를 나누어 부르는 '합창'과는 더더욱 다르다. 제창이 일반적으로 어떤 의식에서 일군의 구성원에게 노래를 지시하는 방식으로 불리는 것에 비해, 떼창은 누군가의 지시가 없이 자발적으로 부르며 대개 열정적인 모습을 띤다. 한국인이 떼창하는 모습은 외국인들에게 특이한 문화 현상으로 받아들여지는 것같다. 2014년 4월 8일 브루노 마스는 서울 올림픽 공원 체조경기장에서 열린 월드투어 '2014 더 문샤인 정글 투어'를 마친 후 트위터를 통해 "지금까지 가장 큰 소리를 내준 관중들이었다. 고마워요 한국(That was one of the loudest crowds ever. Thanks Korea!)"이라며 1만 3천여명의 한국 팬들이 불러준 떼창에 대한 감사의 글을 남겼다. 또한 2014년 11월 23일

공연중 떼창모습

방송된 MBC 연예정보프로그램 '섹션 TV 연예통
신'에서는 제이슨 므라즈는 한국인들 특유의 '떼
창' 문화를 언급하며 한국 관객들은 정말 열정적
이라며 감격해했다. 물론 가수 공연 시 많은 청중
들이 다같이 가수의 노래를 따라 부르는 떼창을

싸이, 떼창에 눈물

한국만의 문화로 볼 수는 없다. 외국에서도 떼창이 많이 불린다. 하
지만 열정적인 떼창은 외국인 가수들에게 한국인들의 팬 문화를 상
징하는 하나의 코드로 작동하는 것만은 분명해 보인다.

한국의 '떼창문화'에 대해서 설명해 주세요

K-Pop을 한국인들은 '가요'라고 불러왔다. '노래 가(歌)'와 '노래
요(謠)'의 합성어이니, 가요는 그저 '노래'라는 말로 해석된다. 그런
데 한국 고전시가에서 '歌'는 악기반주가 딸린 전문음악인의 노래를
일컫는 말이고, '謠'는 비전문음악인이 부르는 것으로 악기반주가
꼭 필요한 것은 아니다. 〈춘향가〉, 〈심청가〉, 〈용비어천가〉처럼 '가
(歌)'로 불리는 옛노래들은 모두 무대 위의 전문 창자가 불렀고 악기
반주가 있었다. 판소리의 득음(得音)을 위해 폭포 밑에서 목에 피가
나도록 연마하는 그림을 연상하면 '가(歌)'를 부르는 것이 얼마나 전
문성이 요구되는지 헤아릴 수 있다. 그래서 전문적으로 노래하는 사
람을 '요수(謠手)'라고 하지 않고 '가수(歌手)'라고 하는 것은 당연한

것이다. 그에 비해 '謠'는 민요처럼 장소에 구애됨이 없이 아무 곳에서나 자신의 목소리로 부르면 된다. 민요는 남을 위한 노래가 아니고 자신의 노동의 힘듦이나 삶의 희로애락을 풀어내기 위한 노래, 자신을 위한 노래다.

현대 대중가요는 '가'적인 성격과 '요'적인 성격을 모두 가지고 있다. 전문적 음악가인 가수가 무대 위에서 잘 마련된 반주를 깔고 노래를 부르면 청중들은 숨을 죽이고 감상한다. 이것이 '가'적인 성격이다. 평일 아침에 주부들이 설거지를 하며 유행하는 노래를 흥얼거린다면 그것은 그 자신을 위한 '요'적인 노래일 것이다. 이렇게 들을 때는 '가', 부를 때는 '요'로 분리되었던 '가요'가 하나로 통합되는 때는 바로 가수와 팬들의 만남인 콘서트 공연이다. 가수들은 팬들을 위해 노래 부르고, 팬들은 그 노래를 같이 부르며 진정한 '가요'를 완성하는 것이다.

떼창은 한국 민요의 현대적 이름이다. 제창(齊唱)이라는 말이 있었지만, 제창은 떼창과 다른 어감과 추억이 있다. 제창으로 했던 노래들은 어떤 의식이나 의례에서 누군가의 주도하여 불려지도록 했던 것이다. 초·중등학교 월요일 아침 운동장 조회시간에 부르던 애국가와 교가, 교회 예배시간의 엄숙한 찬송가, 법당에서의 찬불가, 각종 응원가, 집회나 시위 때의 민중가요, 군대의 군가는 집단이 만드는 메시지의 형태로서 '나를 위한 노래'가 아니라 '어떤 대상을 위한 노래'다.

떼창의 '떼'는 어떤 목적을 가진 단체나 집단과는 다른 의미다. '오리떼, 기러기떼'처럼 동물들의 무리를 가리키는 접미사이기도 하고, '지하철에서 수험생들이 떼를 지어 나온다'처럼 목적어로 기능하는 관용구로 쓰이기도 한다. 그래서 '떼'는 전체의 목적이 정해지지 않은, 같은 행동이나 모습을 가진 어떤 무리를 겨냥한다. 최근 젊은이들 사이에 유행하는 플래시몹(Flash Mob)은 일정한 시간과 장소에 순간적으로 모여 같은 노래나 춤을 즐기고 번개처럼 사라지는 '초단기 동호회'라고 할 수 있는데, 아무 일도 없었던 광장에 수십에서 수백 명의 사람들이 일시에 같은 모습이나 같은 행동을 하며 자신을 위한 공연을 즐기다가 다시 아무 일도 없었던 양 제 갈 길로 사라지는 모습에서 '떼'의 모습을 발견할 수 있다. '한 떼의 젊은이들이 버스에서 내렸다'에서처럼 '떼'는 지칭하는 사람의 입장만 반영되어 있다. 정작 떼를 이루는 각자는 스스로를 '떼'라고 생각하지 않을 수도 있으니 말이다.

떼창의 기원을 찾아보자. 아무래도 고대국가의 제천의식에서의 음주가무를 떠올리지 않을 수 없다. 3세기 서진(西晉)의 진수(陳壽)가 편찬한 『삼국지(三國志)』의 「위지(魏志)」〈동이전(東夷傳)〉에는 외국문화를 바라보는 중국인의 시선이 남아있다. 동이(東夷)가 우리 민족을 일컫는 말이니, 이 기록의 제천의식은 한민족의 오랜 전통임이 분명한데 부여(夫餘)편에 이르기를 "나라 가운데 크게 모여 연일 마시고 먹고 노래하고 춤춘다(國中大會 連日 飮食歌舞)"고 했다. '크게 모이고(大會) 노래(歌)한다'를 줄이면 바로 '떼창'에 다름이 아니다.

현대판 떼창은 2002년 한일월드컵에서의 한국 응원가가 대표적이다. 바로 〈동이전〉의 기록처럼 국중대회(國中大會)를 열고 연일 가무했던 때다. 떼창은 자발적으로 이루어지며 자족(自足)적이고 일체감을 불러일으킨다. 콘서트에서 팬들의 떼창은 '가(歌)'와 '요(謠)'

가 합일되고 '가수'와 '팬'이 하나가 되는 진정한 '가요의 완성'이다.

이러한 가요의 완성이 현대 대중가요에 이르러서야 가능하게 되었다고 생각하면 오산이다. 판소리의 공연 상황을 재구해 보자. 판소리의 '판'은 서양의 무대와는 완전 다른 개념이다. 서양의 무대가 막과 무대 장치를 이용한 폐쇄적 공간이라면, 우리의 '판'은 막도 없고 무대 장치도 없이 청중들로 둘러싸인 개방적 공간이다. 서양 연극이 현실을 재현하고자 하여 무대의상과 분장에 공을 들이는 것과 달리, 판소리 창자는 평상복에 부채 하나만 손에 들고 '내가 춘향이오' 하면 청중들은 춘향이라고 생각하고, '내가 방자요' 하면 방자라고 본다. 그만큼 '판'은 문학적 상상의 공간이며 공연집중도가 높이 요구되는 예술이다. 창자인 소리꾼이 창을 할 때에 청중들이 넣어주는 추임새는 판소리를 가수와 청중 공동의 작품으로 전환시켜 놓는다. 돈을 냈으니 너는 알아서 나에게 문화 서비스를 제공하라는 것이 아니라, 지금 이 자리에서 다 같이 만들어 완성해 가는 것이 판소리다.

공연 무대에서 가수와 청중석의 팬을 가르는 서양적 공연 문화와 달리, 우리의 전통 공연 문화는 공간적 구분이 없고 가수와 청중의 일체를 지향했다. 방한하는 많은 외국가수들이 한국의 떼창에 감동하고 있는 것은 공연이 돈으로 주고 사서 소비하는 '상품'이 아니라, 언어의 장벽을 극복하고 다 같이 즐기고 완성해가는 '예술'이라는 것을 새삼 느끼게 되기 때문은 아닐까?

　〈무한도전〉, 〈개그콘서트〉, 〈런닝맨〉, 〈삼시세끼〉 등 한국 예능을 대표하는 프로그램을 이끌고 있는 것은 바보 캐릭터다. 정통 코미디극에 등장하는 바보 캐릭터는 무대라는 공간이 항상 전제되어 있어 바보역할을 하는 배우가 진짜 바보라고 믿는 어른은 없다. 하지만 리얼리티 쇼 프로그램에서의 바보 캐릭터는 현실과 설정의 경계를 넘나들며 살아있는 바보의 모습을 보여 준다. 〈무한도전〉과 〈런닝맨〉을 이끌고 이는 유재석은 그런 바보 캐릭터를 수시로 가져다 쓰며 현실 세계 속 바보의 모습을 실현한다. 무모한 도전으로 시작한 〈무한도전〉은 그동안 기상천외한 바보 같은 도전을 시도했다. 2005년 황소와 인간의 줄다리기를 시작으로, 탈수기와의 빨래짜기 대결, 모기향과의 모기 잡기 대결, 놀이기구에서 자장면 먹기, 스타킹 쓰고 촛불 끄기 등 바보같은 도전이 이 프로그램의 정체성이다. 2008년부터 2011년까지 큰 인기를 끌었던 〈개그콘서트〉의 봉숭아학당 코너는 '맹구'라는 바보가 코미디 역사에 한 획을 그었다. 이전까지 코미디극에서는 각자의 역할에만 집중하고 다른 배우들이 연기할 때는 자기 캐릭터 연기를 멈추었는데, 맹구 역을 맡은 연극배우 이창훈은 코너가 진행되

〈개그콘서트〉의 맹구

는 시간 내내 철저하게 바보 캐릭터를 유지해 당시 시청자들에게 신선한 재미와 충격을 주었다. 길에서 만난 꼬마들에게 진짜 바보로 오인 받을 정도로 이창훈의 연기는 무대 위의 바보를 현실 공간으로 끌어들였다. 1980년대에는 코미디언 심형래가 '영구'라는 바보 캐릭터로 코미디극은 물론 영화에서도 바보 연기를 펼쳐 국민적인 스타가 되었다. 바보 캐릭터를 우스운 존재로만 생각하면 안 된다. 진정한 바보 캐릭터의 원조는 드라마에서 나왔다. 1972년에 12월 29일에 종영한 드라마 〈여로〉는 배우 장욱제가 바보 캐릭터 영구(永久) 역할을 맡아 열연했는데, 영구의 바보스러움과 순정은 많은 시청자들에게 감동과 재미를 주었으며 그 당시 신문기사에는 영구 흉내를 내는 아이들을 문제 삼았을 정도로 인기가 있었던 국민바보 캐릭터였다. 당시까지 남성위주의 축첩 문화가 남아 있었던 사회 분위기에서 가정생활이 전부였던 주부들에게 땜방머리 바보 영구는 당대 부인들이 원하는 다정하고 자기 색시(부인)만을 찾는 순정남이었다. 눈물과 감동 그리고 웃음이 드라마 〈여로〉를 국민 드라마로 만들었다.

유머코드와 감동코드를 고루 갖춘 영구 캐릭터는 아직도 예능 프로그램에 다양한 방식으로 활용되고 있다. 국민MC 유재석, 하하 등이 출연하는 〈무한도전〉, 〈런닝맨〉은 재미와 감동을 교차시키며 프로그램의 예능적 기능과 공익적 기능을 함께 추구하고 있다. 어떤 때는 바보 캐릭터에 집중하고 어떤 때는 사회적·역사적 문제에 대해 진지한 접근을 한다. 현실과 무대를 넘나드는 21세기형 바보는 한국인들이 가장 좋아하는 캐릭터가 되었다.

〈무한도전〉의 바보 캐릭터

2000년대에 들어 '딸바보'라는 말이 유행했다. 권위적인 아버지의 모습에서 친근하고 재미있는 아버지의 모습으로 바뀐 신세대 아버지들을 가리키는 말이다. 그런데 '바보'라는 말이 나쁘게 들리지 않는 것은 한국인들이 '바보' 캐릭터를 이성적 측면보다는 감성적 측면으로 바라보기 때문이다. 70년대부터 현재까지 바보 캐릭터들은 지친 삶을 힐링해 주고 있다. 〈아빠 어디가〉에는 그런 딸바보, 아들바보인 아빠들이 등장하고 〈정글의 법칙〉에는 문명인들이 오지에서 제대로 의식주를 해결하지 못해 바보 같은 상황을 연출한다. 리얼리티 프로그램이면서 동시에 예능으로서 현실 속의 친근한 바보들이 삶의 문제들을 바보스럽게 풀어나간다.

바보 캐릭터는 확실히 한국 예능의 특성이다. 〈런닝맨〉과 〈아빠 어디가〉의 포맷을 수입해 제작 방송하여 큰 성공을 거둔 중국에서는 그런 바보 캐릭터가 아직 뚜렷하지 않다. 중국판 〈런닝맨〉인 〈달려라 형제(奔跑吧兄弟)〉는 공익적 측면에서 전통 문화 알리기, 경제적 측면에서 광고 효과, 사회적으로 도전정신 자극 등 다양하게 그 의미가 분석되고 있지만 김종국에게 항상 굴욕을 당하고도 비굴하지 않고 웃음을 끌어내는 바보 캐릭터는 없다. 출연자 전체가 바보 캐릭터인 〈무한도전〉을 해외에서 포맷 수입하기는 쉽지 않을 것으로 예상된다. 그만큼 바보 캐릭터는 한국 예능의 특징이기도 하다.

스타 팬카페 가입하기

① 각자 좋아하는 한국 스타를 한 명 선택한 후 사진을 1~2장씩 가지고 온다.
② 교실 벽에 스타의 사진을 붙여 놓고, 스타와 관련된 내용을 자유롭게 써 놓는다.
③ 인터넷을 이용하여 스타의 팬카페를 검색하고 가입한다.
④ 팬카페에 가입인사를 하고, 글을 올린 후 답글을 받는다.
⑤ 답글까지 받은 인증사진을 SNS에 올린다.
⑥ 팬카페 회원이 된 후 알게 된 내용을 교실에서 서로 이야기한다.

★ 체험
★ SNS 이용
★ 문화 섬

✔ 개인활동

한국 드라마 / 영화 더빙 대회	★체험
① 학습자를 3~4인의 조별로 구성한다.	★ 더빙
② 학습자 전체 또는 조별로 좋아하는 한국 드라마나 영화를 선택한다.	★ 발표
③ 선택한 드라마나 영화 중 인상적인 장면(2~3분가량)을 선택한다.	✔ 조별활동
④ 선택한 장면을 교실에서 모두 함께 시청하고 교사는 내용에 대한 보충 설명을 해 준다.	
⑤ 학생들은 조별로 선택한 장면의 인물과 똑같이 말과 행동을 연습한다.	
⑥ 정해진 날 교실에서 조별 더빙대회를 실시한다.	
⑦ 모두의 투표를 통해 우수한 조를 선발하여 시상한다.	

K-Pop 대회	★ 체험
① 개인별 또는 조별로 좋아하는 K-Pop 가수를 선택해서 사진을 가지고 와 교실에 붙여 놓는다.	★ 노래 ★ 춤
② 선택한 가수 사진 옆에 자신의 사진을 같이 붙여 놓고, 노래 제목도 써 놓는다.	✔ 조별활동
③ 선택한 가수의 뮤직비디오 동영상을 교실에서 함께 시청한다.	✔ 개인활동
④ 선택한 가수의 노래와 안무를 연습한다.(개인 또는 조) 정해진 날 교실에서 K-Pop 대회를 실시한다.	
⑤ 모두의 투표를 통해 우수한 개인/조를 선발하여 시상한다.	

제5강

우리가 남이가?

인터넷과 SNS 문화

 마이클(대학 4년)이 궁금한 점 ─────────────

※ 한국인들의 '우리' 문화는 이해하기 힘들어요.
※ 빨리빨리 문화가 인터넷 강국을 만들었나요?
※ 한국인의 인맥 관리 방법이 궁금해요.

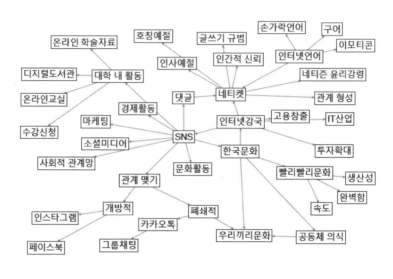

한국의 대표적인 SNS(Social Network Service)를 알려 주세요

카카오톡과 라인은 2016년 현재 토종 SNS 중에서 가장 많은 사용자를 가지고 있다. 카카오톡은 미국의 SNS인 페이스북에 이어 한국에서 가장 많이 쓰이고, 밴드가 그 다음을 잇고 있다. 2016년 7월 현재 카카오톡 사용자는 2,667만명으로 한국 인구의 절반 이상이 사용 중이다. 2010년 출시 이후 약 88%의 점유율을 보이기도 했지만, 점점 페이스북, 트위터, 인스타그램 등 해외 SNS와 경쟁하며 점유율이 떨어지고 있다. 하지만 카카오톡은 모바일메신저로서의 기능뿐만 아니라, 게임, 금융, TV, 택시 등 각종 생활과 관련한 부가 기능을 가진 연관 앱들을 개발하고 2014년에는 인터넷 포털 기업 DAUM과 합병하는 등 온라인생활과 오프라인 생활에 깊이 관여하게 되면서 한국생활을 위해서 반드시 깔아야 하는 필수적인 앱이 되었다.

페이스북이나 인스타그램이 점점 점유율을 높여가고 있지만, 카카오톡은 사이버 공간뿐만 아니라 현실 공간에서의 편의를 동시에 도모한다는 점에서 한국 생활에 가장 최적화되어 있다고 할 수 있다.

카카오톡은 줄여서 '카톡'이라고 하는데, 문자메시지를 받을 때마다 울리는 소리이기도 하다. 주위에서 하도 자주 카톡하고 울어대는 바람에, 카톡 소리에 익숙해진 어린아이들이 "엄마, 아빠" 하는 말보다도 "카톡"을 더 빨리 배운다는 소리가 있을 정도다.

카톡을 설치하고 인터넷만 연결되면 무료로 메시지를 보낼 수 있고, 휴대폰의 연락처에 저장된 친구들 번호를 자동 동기화하여 친구들을 카카오톡에서 찾아준다. 친구들끼리만 대화할 수 있는 장점과 함께, 방송프로그램이나 스타들과도 친구를 맺고 정보를 얻을 수 있기 때문에 외국인들이 카톡을 사용하게 되면 많은 한국인들과 친구를 맺을

수 있고, 한류 스타나 관심 프로그램에 대해서도 신속하고 정확한
정보를 받아볼 수 있다.

한국인들은 SNS로 무엇을 하나요?

　2016년 6월 27일에서 7월 3일까지 일주일 간 조사한 앱 사용 종합
정보(WISEAPP)에 의하면, 한국인이 가장 많이 사용하는 SNS는 카
카오톡으로 전국민 총 사용시간은 45.3억분이었고, 네이버 25.9억
분, 유튜브 24.6억분, 페이스북은 12.1억분이었다. 카톡 사용 인원
이 2,667만 명이니 1인당 하루 평균 24.2분을 사용하고 있는데, 이
는 통계청의 국민독서실태조사 결과(2015)의 하루 평균 책 읽는 시
간 6분과 비교할 때 4배 이상이다.
　한국인들이 SNS를 통해 가장 많이 하는 활동은 다른 사람의 글을
확인하는 것이다. 2014년 DMC미디어에서 실시한 소셜미디어 이용
활동에 대한 설문결과를 보면, '친구 글 확인(84.2%)'이 가장 많았고
'자신의 소셜미디어에 글쓰기'는 34%에 그쳤다. 남성의 경우 사람들의
반응보기(댓글보기)가 40.2%, 여성의 경우 자신의 소셜미디어에 글쓰
기가 40.9%로 나타났다. 사회적 관계 형성은 상대에게 말을 걸고 상대
의 말을 듣는 행위로부터 비롯되는데 글쓰기와 글확인의 비율이 2배
차이가 난다. 이는 그룹채팅과 같은 폐쇄적인 SNS를 선호하기 때문인
데, 그룹채팅의 속성 상 글 쓰는 이보다 읽는 이가 많을 수밖에 없다.

한국인들이 일상생활에서 사용할 수 있는 시간은 4시간 42분(통계청, 2009)인데, 바쁜 일상 속에서 만나지 못하는 친구들과 교제하고 정보를 나누는 수단으로 SNS를 이용한다. 한국 남성에 비해 여성의 글쓰기 비율이 높은데, 한국 여성들은 개인의 일상생활은 물론 쇼핑과 교육에 대한 정보를 공유하기도 하고, 음식과 아이들의 사진을 올린다. 중년 여성들의 경우에는 자신의 이미지보다는 자신을 둘러싸고 있는 사람(아이들)과 환경(음식, 여행지 등)의 이미지를 게시함으로써 자신을 간접적으로 표상하는 전략을 쓰기도 한다.

최근에는 SNS로 택시, 버스, 지하철 등 교통수단도 이용할 수 있고, 증권, TV, 네비게이션, 게임, 음식 등 다양한 오프라인 서비스를 이용할 수 있다. SNS는 현재 한국인들의 인간관계뿐만 아니라 경제활동, 마케팅활동, 문화활동 등 사회활동에 있어서도 반드시 필요한 도구로서 자리매김하고 있다.

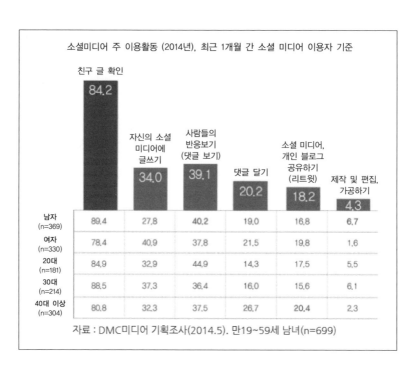

소셜미디어 주 이용활동 (2014년), 최근 1개월 간 소셜 미디어 이용자 기준

친구 글 확인 **84.2**

자신의 소셜 미디어에 글쓰기 **34.0**

사람들의 반응보기 (댓글 보기) **39.1**

댓글 달기 **20.2**

소셜 미디어, 개인 블로그 공유하기 (리트윗) **18.2**

제작 및 편집, 가공하기 **4.3**

	친구 글 확인	자신의 소셜 미디어에 글쓰기	사람들의 반응보기 (댓글 보기)	댓글 달기	소셜 미디어, 개인 블로그 공유하기 (리트윗)	제작 및 편집, 가공하기
남자 (n=369)	89.4	27.8	40.2	19.0	16.8	6.7
여자 (n=330)	78.4	40.9	37.8	21.5	19.8	1.6
20대 (n=181)	84.9	32.9	44.9	14.3	17.5	5.5
30대 (n=214)	88.5	37.3	36.4	16.0	15.6	6.1
40대 이상 (n=304)	80.8	32.3	37.5	26.7	20.4	2.3

자료 : DMC미디어 기획조사(2014.5). 만19~59세 남녀(n=699)

한국인들은 SNS에서도 '우리끼리' 모이는 것을 좋아하는 것 같아요

한국인들은 '우리'라는 말을 아주 광범위하게 쓴다. 서양인이면 '나' 또는 '나의'로 표현할 것을 한국인은 '우리 집, 우리 아빠, 우리 나라'라고 한다. 심지어 '우리 아내'라는 말을 들으면 대개의 외국인 들은 한국어 '우리'가 영어의 'We'와는 전혀 다른 뜻이라고 판단하게 된다. 사실 '우리'라는 말은 집단 내부의 동질성을 확인하는 말이면 서 동시에 '남'과의 차별성을 내포하고 있다. 폐쇄적 속성을 가진 이

단어를 '우리' 밖에 있는 사람들이 들을 때에는 소외감마저 들기도 하는 것이 사실이다.

불특정 다수를 대상으로 한 개방성이 특성인 트위터나 페이스북이 한국에서 인기를 얻고 있지만, 이에 대한 사회적 피로감 또한 누적되고 있는 형편이다. 원하지 않는 관계 맺기는 스트레스로 종종 이어지며, 심할 때는 '신상털기'로 악용되기도 한다. 이에 비해 폐쇄형 SNS는 원하는 사람들만 연결한다는 장점이 있다. 카톡이나 네이버 밴드(BAND)는 한국식 SNS를 대표하는데, 한국인 특유의 '우리' 문화를 잘 구현하게 만들어 준다. 청소년들의 반모임, 대학생들의 스터디·조모임·동아리 모임, 중장년층의 동호회, 동향회, 동창회, 사회활동 모임 등 다양한 '우리끼리'를 조직하여 한국인 특유의 학연과 지연을 사회적 관계망의 기제로 가동시킨다. '우리'가 주는 편안함과 공동체 의식은 우리 안에 있는 구성원이 될 때에만 느낄 수 있는 것이다.

외국인들이 우리 사회에 구성원으로 인정받기 위해서는 문화적 동질성을 확보하려는 노력이 필요하다. 한국인들과 문화적 공통점을 찾고, 세계 시민으로서의 동질감과 연대에 초점을 둔다면 '나'와 '너'를 초월한 '우리'가 될 수 있다. 정현종 시인은 "사람들 사이에 섬이 있다. 그 섬에 가고 싶다"고 하였는데, 그 섬은 다름 아닌

한국인들이 지향하는 '우리'의 또 다른 이름이기도 하다.

최근 한국 사회가 글로벌 사회로 변화하면서 '우리끼리' 문화에 대한 자성이 이루어지고 있다. 외국인 노동자에 대한 임금 차별이나 다문화가족에 대한 사회적 편견을 없애기 위해 정부 차원의 다양한 대책들이 나오고 있고, 좀 더 개방되고 평등한 사회의 가치에 대한 교육이 초중등교육에서 이미 시행되고 있다. 앞으로 한국 사회는 기존의 혈연, 민족 중심의 '우리' 문화에서 세계 시민으로서의 확장된 '우리' 문화로 진화해 갈 것으로 예상된다.

빨리빨리 문화와 인터넷 강국, 뭔가 관련이 있는 것 같아요

해외에서 인천공항에 도착하게 되면 가장 먼저 놀라는 것이 빠른 속도의 무료 와이파이 서비스다. 한국이 인터넷 강국이라는 것은 초고속인터넷 가입자는 2,002만 명, LTE 가입자 4,169만 명이라는 숫자로도 알 수 있다.(2015년 12월 현재/한국방송통신위원회 연차보고서) 무선데이터 트래픽도 2013년 84,287TB(월 기준)에서 2015년 189,657TB(월 기준)로 급격히 증가하는 추세다(미래창조과학부 발표).

한국은 80~90년대 제조업 중심의 공업 국가에서 2000년대 IT산업 국가로의 사회구조 변화가 매우 급격하게 이루어졌는데 이는 자원이 부족한 한국이 세계 시장에서 새로운 상품 시장과 아이템을 확보하려는 정부와 기업들의 전략적 판단이 작용한 것이다. 빠르게 변화하는 세계에 적응하지 못하면 도태된다는 위기의식은 현재 한국의 경제 상황을 압도하고 있다. 이런 상황에서 신산업인 IT산업으로의 투자 확대와 고용창출 노력은 새로운 성장 동력을 만들려는 한국으로서는 매우 당연한 결정이다.

한국의 '빨리빨리' 문화에 대해 외국인들은 '대충대충문화'로 오해하는 경향이 있다. 외국인 노동자들이 한국인 사장의 '빨리빨리'를 '속도'로만 번역하여 제품의 완성도는 떨어져도 된다는 뜻으로 잘못 알아듣고 제품의 숫자만 맞추다가 결국 납품하지 못하게 되는 낭패를 당하기도 했다는 신문기사도 있다. 점심시간에 식당에 들어간 직장인들이 종업원에게 종종 하는 말이 "빨리되는 음식이 뭐예요?, 빨리빨리 주세요"라고 한다. 그렇다고 맛이 없게 대충 만든 음식이 나온다면, 그 음식점을 다시 찾을 손님은 없을 것이다. 한국인의 '빨리빨리'는 '속도'는 물론 '완벽함'도 갖추라는 것이다. 이는 결국 투자한 여러 물적 요소 중에 시간 요소를 건드려 '생산성'을 제고하려는 것이다.

더 이상의 외적 투자 요소 없이 효율성을 높이기 위해서는 개인의 노력이나 희생이 필요한데, 한국인들은 '우리' 회사를 위해서, 자신의 시간이나 노력을 들이는 것을 당연하게 받아들이는 경향이 있다. 그래서 '빨리빨리'의 이면에는 늦은 시간까지의 야근이나 밤샘 회의 준비, 주말 근무 등 주문된 '빨리빨리'에 화답할 '노력의 결과물'을 완벽하게 도출하기 위한 일련의 과정이 긴 그림자처럼 존재한다.

한국 속담에는 '발 없는 말이 천리 간다'고 했는데, 요즘은 '소통하는 말이 천리 간다'는 신조어가 만들어지기도 한다. 소문 확산의 '속도'보다는 소통을 바탕으로 한 '인간적 신뢰와 관계 형성'이 IT세상의 윤리적 기준이 되어가고 있다. 네티켓은 통신망(network)과 예의범절(etiquette)의 합성어로서, 네트워크를 사용하는 사용자(네티즌)들이 네트워크상에서 지키고 갖추어야 하는 예의범절을 말한다.

서양에서는 일찍이 네티켓에 대한 가이드라인이 여러 번에 걸쳐 만들어졌는데, 가장 많이 알려진 네티켓으로는 셰어(V.Shea)가 작성한 십계명(The Core Rules of Netiquette)이다. 한국에서는 2000년에 정보통신윤리위원회에서 네티즌 윤리 강령을 선포한 것이 있다. 이를 나란히 보이면 다음과 같다.

해외(V.Shea)	한국(정보통신윤리위원회)
1. 인간임을 기억하라. 2. 현실의 삶에서 따르는 것과 동일한 행동표준을 따르라. 3. 사이버 공간에서 어느 곳에 와 있는지를 알라. 4. 타인의 시간과 대역폭을 고려하라. 5. 온라인상에서 좋은 모습을 보여라. 6. 전문적 지식을 공유하라. 7. '플레이밍(과도한 감정표현)'을 통제하라. 8. 타인의 프라이버시를 존중하라. 9. 권한을 남용하지 말라. 10. 타인의 실수에 대해 관대하라.	1. 게시판의 글은 명확하고 간결하게 쓴다. 2. 남의 글에 대해 지나친 반박은 삼간다. 3. 문법에 맞는 표현과 한글 맞춤법에 맞춰 사용한다. 4. 전자우편은 자신의 신분을 미리 밝히고 편지를 보낸다. 5. 채팅할 때에는 자기 자신을 먼저 소개한 뒤 대화에 임하고, 모두 '님'이라는 호칭을 사용한다. 6. 다른 사람을 비방하거나 욕설 또는 빈정대는 말은 하지 않는다. 7. 같은 내용의 말을 한꺼번에 계속 반복하는 것은 예절에 어긋나는 것이다. 8. 채팅에서 나올 때는 반드시 인사를 한다. 9. 성희롱이나 스토킹, 비어 사용은 삼가야 한다.

2000년에 만든 정보통신윤리위원회의 강령은 한국의 인사예절, 호칭예절, 글쓰기 규범이 적용되어 있다. 셰어가 사이버공간을 초국가적인 공간으로 보고 "사이버 공간에서 어느 곳에 와 있는지를 알라"고 하여 사이버 공간마다 각기 다른 문화 규범이 있을 수 있다는 점을 환기시킨 것에 비해, 한국의 강령은 마치 한국의 청소년들을 염두에 두고 만든 것처럼 보인다. 하지만 셰어도 '현실의 삶에서 따르는 것과 동일한 행동표준을 따르라'라고 지적했듯이, 한국에서의 네티켓은 분명히 한국 예절과 관련한 관습이 반영될 수밖에 없다. 예컨대 "모두 '님'이라는 호칭을 사용한다"는 강령은 일정한 수준의

대화 예절을 유도하는 효과가 있다. 상대를 '00님'으로 호칭하게 되면, 자연스레 서술어미에 님과 호응하는 존칭의 선어말어미 '-시-'가 들어가는 것이 자연스럽기 때문이다.

한국에서 인터넷 통신이 처음 시작되었던 90년대에는 일상 언어를 구어적으로 바꾸어서 쓰거나 컴퓨터 자판의 특수 기호를 이용한 이모티콘을 많이 썼다. 서양에서 웃는 모습을 ':)'로 표현하는 것에 비해서 한국에서는 입보다는 눈을 강조하여 '^^'으로 표현한다. 자주 사용하는 이모티콘을 보이면 다음과 같다.

자주 사용하는 이모티콘

이모티콘	의미	이모티콘	의미
ㅠ_ㅠ	눈물, 슬픔	^_^	웃음, 기쁨
ㅜ.ㅜ, T_T		^0^	
ㅠㅠ		:-)	미소
@_@	어지러움, 이해 안 됨	*^^*	부끄러움
~_~	무표정, 질문	^///^	
>.<	무안함	-0-	못마땅함
-_-	무관심	☞☜	소심함, 고민 중
-_ㅜ	억울함, 속상함	-_-;;;	난처함

이렇게 감정을 표현하는 말로는 의성어나 의태어 그리고 감탄사가 사용되는데, 의성어로는 하하, 흐흐, 크크, 키키, 캬하하, 푸하하, 호호호, 의태어로는 으쓱으쓱, 삐질삐질, 번쩍번쩍, 엉금엉금 감탄사로는 아!, 엉!, 아이씨!, 아이쿠!, 헐!, 어머! 등이 사용된다.

인터넷 언어의 특징은 아무래도 현실 언어를 간략하게 줄여서 쓰는 데에 있다. 구어에 기반한 말 줄이기는 "글쿠나(그렇구나)/쌤(선생님)/걍(그냥)/드뎌(드디어)"처럼 축약을 시키거나, "담(다음)/멜(이메일)/낼(내일)/넘(너무)/넘나(너무나)/암튼(아무튼)/글구(그리고)"처럼 모음을 생략 또는 "좀(조금)/알겠슴다(알겠습니다)/짱나(짜증나)/컴터(컴퓨터)/핸편(핸드폰)/섬(시험)"처럼 자음을 생략하기도 한다. 자주 쓰는 말은 더 간결하고 빠르게 쓰기 위해서 대표적인 자음을 제외하고 그 외의 자음과 모음을 동시에 생략하여 표현하기도 한다.

ㅎㅎ(호호)/ㅋㅋ(크크)/ㅅㄱ(수고하세요)/ㅊㅋㅊㅋ(축하축하)/ㄱㅅㄱㅅ(감사감사)/ㅋㄷㅋㄷ(키득키득)/ㅂㅇㅂㅇ(바이바이)/ㄱㅅ(고생)/ㅈㅅ(죄송)/ㅇㅇ(응)

약어의 형태로 긴말을 줄여 쓰기도 한다. 두 단어 이상으로 이루어진 말일 경우에는 각 단어에서 한 음절씩 모아 약어를 만든다.

열심히 공부하다(열공)/어쩔 건데(어쩔)/비밀번호(비번)/강제 퇴장(강
퇴)/통신 장애(통장)/볼수록 매력 있다(볼매)/설레게 하는 리플(설리)/제
대로(지대)/깜짝 놀라다(깜놀)/지켜주지 못해서 미안해(지못미)

비대면 대화를 특징으로 하는 인터넷 채팅의 한계를 벗어나 발화
의도나 감정을 효과적으로 전달하기 위해서 자음을 첨가하여 다양
한 효과를 내는 방식도 있다.

ㅇ → 부드럽게 문장을 끝내거나 장난기 있는 말투 : 빨리와용, 없엉, 어디
　　 양, 밥먹자영

ㅁ → 기원이나 추측 : 알겠음, ~되세염, 아니감

ㅂ → 확실하게 끝을 맺을 때 : 갈거예욥, 쓰구엽, 봐엽

ㅎ → 자신이 하고자 하는 말에 힘을 주어 말을 할 때 : 할꺼예효, 넘흐(너
　　 무), 울희(우리)

최근에는 방송 연예 프로그램의 영향으로 "맘마, 주세요./전화왔
숑~~/같이 놀아주세영/밤마다 치카치카 해야지~/언니, 나는 도착
해떠~"처럼 어린아이 말투를 쓰는 경우도 많다.

이와 같이 한국의 인터넷 언어는 한국어의 문어적 규범보다는 구
어적 자유로움을 지향한다. 90년대에는 인터넷 언어를 '인터넷 통신
언어'라고 하였고 그 당시에는 방가방가(반갑습니다), 하이루(Hi)하
면서 채팅방에 들어왔다가 '휘릭~'하며 퇴장했었다. 이제는 인터넷
통신언어를 '손가락 언어'라는 말로 표현하기도 한다. 발없는 말의
후손인 손가락 언어가 천리, 만리까지 소통하는 세상이다.

디지털시대가 도래하면서 대학 내 기관 중 가장 먼저 변화를 시도했던 것은 도서관이다. 온라인 학술자료의 구축을 통해 각종 문헌과 논문을 온라인으로 서비스하게 되면서 도서관 소장자료는 물론이고 국내와 해외의 학술데이터베이스까지 연동하여 하나의 플랫폼에서 검색이 가능하도록 한 검색서비스가 이미 모든 대학에서 이루어지고 있다. 또한 스마트폰의 사용이 보편화되고 데이터 전송기술이 발달함에 따라 이제는 스마트폰에서 필요한 학술정보 검색은 물론 도서관 자리 예약, 상호대차 신청, 수강신청, 보고서 제출, 온라인교실 활동, 셔틀버스 예약이 가능한 시대가 되어가고 있다. 이러한 디지털문화 환경의 변화는 학생들의 자치활동에도 변화를 주었다. 대학생들의 연대가 SNS를 통해 매우 넓은 범위에서 쉽게 이루어지며 사회, 문화 전반에 대한 학생들의 의견과 생각 그리고 행동들을 자유로운 온라인 공간에서 공유하게 된 것이다. 이러한 변화는 한국 대학생들의 SNS 사용행태를 반영하고 있다.

인터넷/SNS 이용 사례 이야기하기	★ 토론 ★ 발표
① 학생들을 4~5명의 조별로 구성한다. ② 조별로 인터넷/SNS 이용에 대한 긍정적인 사례를 이야기하도록 한다. ③ 조별로 학생들이 인터넷/SNS 이용에 대한 부정적인 사례를 이야기하도록 한다. ④ 조별로 인터넷/SNS 기능의 개선점에 대해 이야기하도록 한다. ⑤ 서로의 의견에 질의응답을 한다. ⑥ 조별로 내용을 정리한 후 발표한다.	✔ 개인활동 ✔ 조별활동

인터넷 / SNS에 대하여 토론하기	★ 토론
	★ 발표
㉠ 인터넷 실명제	
㉡ 인터넷 악플 금지	
㉢ SNS 문화 확산 현상	✔ 조별활동
㉣ 인터넷/SNS 관련 자유 주제	✔ 전체활동
① 학생들에게 각 주제에 대하여 설명을 하고 질의응답을 한다.	
② 학생들에게 토론 형식에 대해 이해시킨 후 조를 편성하거나 반 전체 활동으로 한다.	
③ 찬성팀과 반대팀의 숫자가 대체적으로 균형을 이루도록 교사가 도와준다.	
④ 각 팀의 주요 내용을 팀별로 정리한 후 토론이 끝난 후 발표하도록 한다.	

제6강

맛있게 맵게 火

음식 문화

📖 마이클(대학 2년)이 궁금한 점

> ※ 한국 사람들은 왜 매운 음식을 좋아하나요?
> ※ 이게 다 커피숍이에요?
> ※ 한강에서도 배달이 가능하다면서요?

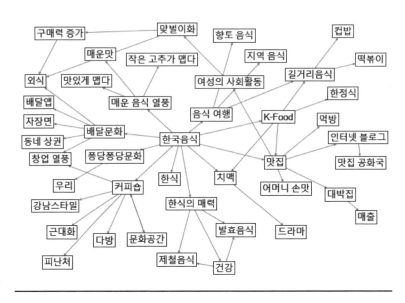

한국인들은 매운 고추를 고추장에 찍어 먹는다면서요?

 김치를 처음 맛본 외국인들의 반응은 곧바로 물을 찾는 것이다. 풋고추 역시 만만하게 봤다가 큰 코 다치기 십상이다. 매운 맛을 본 외국인의 뇌리에 한국 음식은 매운 음식이라는 인상이 박힌다. 그런데 그 매운 고추를 고추장에 찍어서 먹는 한국인을 보면 정말 다른 나라에 왔다는 생각이 들 것이다.

 현대 한국인들은 매운 음식을 사랑한다. 아귀찜, 뼈다귀, 매운탕,

낙지볶음, 골뱅이, 불닭, 매운어묵, 짬뽕, 매운갈비찜, 제육볶음, 부대찌개, 김치찌개, 닭갈비, 떡볶이 등등 열거하기도 힘들 정도다. 한국인 1인당 연간 고추 소비량이 4kg에 이르고 매운 음식 전문점들이 더욱 성업 중이라고 하니 한국인에게 매운 맛이 없으면 음식 맛을 내기 힘들 것이다.

사실 매운 맛은 '맛'이라고 할 수 없다. 통증의 하나인 매운 느낌은 스트레스를 완화시키고 엔돌핀의 분비를 활성화시켜 기분을 좋게 해서, 매운 맛을 지속적으로 찾게 만든다. '맵다'의 원래 뜻은 '(농도가)진하다, 강하다, 독하다'라는 뜻이다. 그래서 부사형인 '매우'라는 말은 어떤 것의 정도가 강한 것을 나타내는 말이다. '손이 맵다'는 표현도 마찬가지로 손의 맛을 표현한 것이 아니라 손으로 때리는 강도(强度)를 이르는 말인 것이다.

매운 고추와 관련한 한국의 속담에는 "작은 고추가 맵다, 고추처럼 매운 시집살이, 고추장 단지가 열둘이라도 서방님 비유 못 맞춘다" 등 그 매운 맛을 독하거나 어려운 인생살이와 연결 지은 것이 많다. 그렇다면 정말 한국인들은 독하고 강한 자극을 즐기는가? 한국 고추가 맵다고는 하지만 세계 여러 나라의 고추와 비교하면 정말 살짝 매운 정도다.

매운 정도를 나타내는 국제적 기준인 스코빌(Scoville Heat Unit)로 세계 각국의 고추를 측정하면, 한국에서 가

한국 고추

장 매운 '청양고추'가 4,000 ~10,000SHU인데 비해 타이의 '프릭끼누'(일명 쥐똥고추)는 50,000~ 100,000SHU, 멕시코의 '하바네로'는 350,000~580,000SHU이고 방글라데시의 '도셋나가'는 886,000SHU, 인도의 '부트 졸로키아'는 855,000~1,050,000SHU이나 된다. 매운 정도만 보았을 때 한국은 결코 독한 맛을 좋아하는 국가라고 할 수 없다.

한국의 대표적인 매운 라면인 신라면은 중국을 중심으로 세계 80여 나라로 팔리고 있는데 맛있게 맵지 않다면 세계인의 사랑을 받는 음식이 되기 어려웠을 것이다. 한마디로 맛있게 매운 것이 한국의 매운 맛이다.

같은 종품의 고추라도 기후 변화에 따라 그 매운 정도가 달라진다. 여름이 너무 가물어서 일조량이 많아지면 그해 고추는 맵기 마련이다. 경제학자들은 경제가 어려워질 때 매운 음식이 잘 팔린다고 하는데, 고추는 사회적인 스트레스가 쌓였을 때 그 기능을 제대로 발휘하는 음식인 셈이다. 최근 한국은 매운 음식이 열풍이다. 공교롭게도 청년실업과 베이비부머의 대량 은퇴 그리고 불경기라는 경제적 위기 상황이 이어지는 시기이기도 하다. 고추를 고추장에 찍어 먹어서라도 내면에 쌓인 화(火 : 스트레스)를 밖으로 풀어버려야 하지 않을까.

한식과 K-Food는 같은 뜻인가요?

　한식은 한국의 전통 음식을 이르는 말이다. K-Food는 한식의 영어 이름인 셈인데, K-Pop, K-Drama와 같이 이미 한류의 대표가 된 영역의 제명방식을 그대로 가져온 것이다. 2010년 정부는 한식재단을 설립하고 한식의 세계화 사업을 시작했다. 처음에는 한식의 현지화 전략을 수립하기도 했으나 현재는 정통한식 보급에 초점을 맞추고 있다. 외국인 요리사들이 한식에 관심을 가지면서 한국의 고유한 맛과 스타일을 정립하는 것이 한식의 세계화라는 점을 인식하게 된 것이다. 한식은 '제철 음식'이 있고 '발효 음식'이 많은 점과 한국식 전통 식기에 요리가 담겼을 때의 풍미가 외국인 요리사들이 꼽은 한식의 매력이라고 한다.

　해외에서도 발효 음식인 김치에 대해 관심이 높아졌다. 2016년 건강전문매체인 「Health」에서는 그릭요거트, 렌틸콩, 올리브유, 낫또와 더불어 김치를 세계 5대 슈퍼푸드로 꼽았다. 김치는 저열량식품으로 '김치에 함유된 식이섬유는 고혈압과 고지혈증 등 성인병 예방에 도움을 주며, 비타민은 신경통, 피로회복에 도움을 준다'고 설명하고 있다. 뿐만 아니라, 「TIME」지에서도 네덜란드 라이덴 대학 연구팀의 실험결과를 인용하여 생균제인 프로바이오틱스를 많이 함유한 식품으로 그리스식 요거트 등과 함께 김치를 소개했다. 「Epochtimes」에서는 '한식이 지구상에서 가장 건강한 음식 중 하나

CNN
K-FOOD보도

인 이유는?(2015. 4. 23.)'라는 제목의 기사를 게재했고, 미국매체인 「The Journal Sentinel」은 '가족들을 위한 건강한 한국 음식 강좌 (Helty Korean cooking class open to families, 2015. 12. 8.)'라는 특집기사를 통해 한식 레시피를 소개하기도 했다(한류백서 2015 참고) 해외에서 한식은 건강에 좋은 식품이라는 평가를 하고 있는 것이다.

한국의 제과 제빵, 라면, 유제품, 한국식 패스트푸드점 등 한국 음식들이 중국과 동남아시아 등 세계에 수출되고 있으며 그 인기가 지속적으로 이어지고 있다. 2015년도 한 해 동안 수출된 한국 음식 상품을 몇 가지 들면, 김치가 7,546만 달러, 된장 758만 달러, 라면 2억 1천만 달러, 베이커리제품 9,935만 달러, 닭고기 4,170만 달러, 쌀 514만 달러, 유아용조제식료품 130만 달러로 전년 대비 12.48%, 4.49%, 9.31%, 10.36%, 24.77%, 4.96%, 12.39% 성장하였다.

그래서 K-Food는 전통 한식을 포함하여 한국산 음식 문화 전체를 가리키는 말이 되었다.

외국인들이 꼭 먹어야 할 한국 음식은 뭐가 있어요?

진정한 한국 음식의 맛과 향을 충분히 체험할 수 있는 음식은 뭐니 뭐니 해도 역시 잘 차려진 한정식이라 할 수 있다. 특히 고궁이나 인사동 같은 역사적 명소를 찾은 후의 식사라면 한옥을 개조한 한식당에 찾아갈 것을 권한다. 가격도 비싸지 않고 여러 가지 한국 음식을 한꺼번에 맛볼 수 있어서 외국인들에게 인기가 많다.

한국인 친구와 같이 술도 마시며 식사를 하고 싶다면 삼겹살을 구워 먹는 것이 좋다. 눈앞에서 자신이 원하는 크기와 입맛대로 조리할 수 있어서 재미와 맛을 한꺼번에 즐길 수 있다. 대부분의 음식은 먹기만 하면 되지만, 한국의 고기 요리는 즉석에서 불에 구워서 먹기 때문에 외국인들에게는 매우 이국적인 풍경이라고 한다.

한국 드라마 〈별에서 온 그대〉를 본 외국인이라면 한국에서 꼭 맛보고 싶은 음식으로 '치맥'(치킨과 맥주)을 떠올릴 것이다. 단순한 닭튀김과 맥주의 조합이 아니라 드라마의 스토리가 깔려있는 문화 체험 코스가 되었다. 한강변에 수천 명의 중국 관광객들이 치맥파티를 열어 화제가 되었던 것도 '치맥'이 한국 음식 중에서 절대로 빠지면 안 된다는 것을 상기시켜 준다.

지금까지 외국인들에게 가장 만족도가 높았던 메뉴로는 비빔밥, 불고기, 삼계탕, 갈비 등인데 이중 비빔밥과 갈비는 한국관광공사의 미국 TV 광고에도 등장할 정도로 한국을 상징하는 음식이다.

여행하면서 즐길 수 있는 한국 음식은 뭐가 있어요?

한국의 길거리에서 흔히 볼 수 있는 음식은 떡볶이, 어묵, 순대, 튀김이다. 값도 싸고 한 끼 식사로 충분하다. 서울의 명동에는 저녁마다 푸드 트럭(Food Truck)이 떡볶이, 컵밥, 초코딸기, 오징어구이

뉴스보도
명동 길거리
음식

등 다양한 길거리음식으로 관광객들에게 간식거리를 제공한다. 서울의 노량진에서 팔던 컵밥이 지금은 미국에서 큰 인기를 얻어서 컵밥 푸드트럭의 한국인 사장은 2016년 타임지에서 선정한 미국에서 가장 영향력 있는 100인 중 한 사람이 되기도 했다.

로이최의
푸드트럭

한국에서 음식 여행을 원하는 외국인 관광객을 위한 음식 관광 상품도 마련되어 있다. 여행사의 선택 관광 상품은 물론이고 한식 체험만 전문적으로 담당하는 기관들도 있다. 한국의 전통적인 사찰음식을 체험하고 싶다면 CNN과 NHK에서 소개했던 그 사찰에서 다도와 참선을 비롯한 발우공양을 할 수 있다. 만약 이런 관광 상품에 드는 비용이 걱정이라면 각 지방자치단체에서 실시하는 축제나 전시관의 행사를 무료로 이용할 수 있다.

Temple Stay
사찰음식

국립민속박물관
한식체험교육

한국관광공사
지역축제

여행사	종교단체
대부분 1박2일, 2박3일 일정 72,000원에서 30만원 김치 또는 떡 만들기, 다도, 동대문 시장, 남대문 시장 쇼핑 웹사이트 홍보 / 한국관광공사 홈피	1박2일, 2박3일 3만-10만 다도, 참선, 발우공양 외국 언론사에서 방송 보도, 인터넷 안내 책자
교육기관	전시관 및 놀이 공원
약 2-3시간 7만-10만 김치, 불고기, 비빔밥 만들기 여행사 통해 상품내용 소개, 일본 잡지에 게재	거의 각 절기마다 운영 대부분 무료 세시풍속 행사 홈페이지에 행사내용 게재, 주요일간지, 코리아헤럴드 등에 소개
축제	
프로그램 행사시기가 축제기간에 따라 달라짐 술 떡 제조과정 시연 및 시식, 인삼캐기, 송이채취현장체험, 김치담그기 경연대회 여행사 대상 상품 설명회 개회	

자유로운 배낭여행을 즐기며 지역 대표 음식을 즐기고 싶다면 미리 어떤 음식이 있는지 맛은 어떤지를 알고 가는 것이 좋다.

네티즌이 추천하는 지역별 대표 음식

지역	대표음식	지역	대표음식
서울 마포	갈매기살	전북 섬진강	은어회
서울 마포	돼지갈비	안동	찜닭
서울 왕십리	곱창	천안	호두과자
서울 장충동	족발	춘천	막국수
서울 충무로	충무김밥	광주	떡갈비
경기도 성남	삼계탕	남원	추어탕
경기도 수원	수원갈비	벌교	꼬막정식
경기도 의정부	부대찌개	전주	비빔밥
경기도 포천	이동갈비	춘천	닭갈비
평택	폐계닭	강원 초당	순두부
대구	튀김소보로	속초	닭강정
부산	냉채족발	속초	아바이순대
울산 언양	불고기	횡성	한우
통영	꿀빵	부산	돼지국밥
포항	과메기	마라도	짜장면
경주	황남빵		

한국향토음식

한국의 향토 음식은 오래된 역사만큼이나 다양하고 많은데 이를 다 알고 있는 사람은 거의 없다. 만약 한국의 지방별 향토 음식과 조리법 등이 궁금하다면 농식품종합정보시스템에서 한국의 모든 향토음식들을 지역별로 검색할 수가 있는데 그 종류가 3,200개가 넘는다.

'커피숍'이라고 할 만한 장소를 처음 한국에 만든 사람은 19세기 말 고종황제였다. 1896년 아관파천으로 러시아 공사관에서 고종황제가 처음 커피 맛을 본 후, 덕수궁 안에 '정관헌(靜觀軒)'이라는 커피하우스가 만들어졌다. 고종 황제가 을미사변 이후 일본의 위협을 피해 러시아 공관에 머물며 느꼈을 삶의 쓴맛을 커피가 달래주었던 것 같다. 1902년에는 손탁이라는 사람이 고종 황제로부터 하사 받은 건물을 개조하여 지은 호텔에 커피숍을 열어 일반인에게 커피를 판매했는데 이것이 한국 커피숍 1호라고 할 수 있다.

커피와 한국인의 만남은 강력한 서구 열강과의 조우에서 시작되었다. 그래서 커피는 단순한 음료가 아니라 먼 서양의 문화였고, 그런 서양인과 커피를 마실 수 있는 것은 조선의 소수 특권층에 한정되어 커피는 처음부터 문화적인 맥락에서 수용되었다.

일제 강점기와 한국전쟁 이후에도 커피는 '다방(茶房)'이라는 장소에서 그 문화적 향기를 뿜어냈다. 그래서 다방은 지식인과 예술가들이 모이는 문화공간이었고 근대화의 상징이었다. 그런 곳에 갈 형편이 안 되는 일반 서민들에게 커피는 '양탕국(洋湯국)'이라고 하여 쓰디 쓴 한약과 같은 맛으로 느껴지기도 했다.

요즘 한국인에게 식사 후에 커피 한 잔은 어떤 의식처럼 자리 잡혀 있지만, 사실 한국인은 전통적으로 식사 후에 누룽지에 물을 부어 끓인 숭늉을 마셨다. 그런데 그 누룽지가 없어지게 된 계기가 있었다. 바로 전기밥솥의 등장이다. 누룽지가 생기지 않은 전기밥솥은 숭늉의 대체 음료를 찾게 만들었고 한국인들은 커피의 단맛에서 해결책을 찾은 셈이다.

1999년은 커피가 대중 속으로 더 깊숙이 파고 들어간 해였다. 스타벅스가 한국에 상륙하면서 젊은 여성을 중심으로 커피전문점을 찾기 시작했고 서구적 분위기의 카페는 2000년대를 맞이하는 신세대 젊은이를 빨아들였다. 2007년의 인기 드라마 〈커피 프린스 1호점〉, 2012년 커피를 소재로 한 영화 〈가비〉의 흥행은 커피가 얼마나 한국 사회의 보편적인 음료가 되었는지를 증명해 준다.

싸이의 〈강남스타일〉에는 "커피 한잔의 여유를 아는 품격 있는 여자"와 "커피 식기도 전에 원샷을 때리는 사나이"가 등장한다. 강남이라는 공간 자체가 한국의 최신 유행을 선도하는 곳이기도 하고, 가장 부유한 지역이기 때문에 그곳에 사는 여자와 남자는 커피의 맛을 즐길 수 있는 품격 있는 사람들이라는 뜻으로도 읽힌다. 그만큼 한국 사회에서 커피는 '맛'보다는 '문화'로 수용되고 있는 것이다.

2010년 이후 한국 사회는 또 하나의 변화를 맞이하고 있다. 베이비부머 세대의 은퇴가 사회 전반에 영향을 주고 있는 것인데, 이들의 창업 아이템 중 가장 많은 것이 바로 커피전문점이다. 제2의 인생으로 커피의 향기를 맡으며 문화 공간을 운영하는 것이 은퇴한 한국인들의 꿈이 된 듯하다.

이제 커피숍은 커피만 마시는 곳이 아니라 또 하나의 문화생활 공간이 되었다. 학생들은 도서관 대신 커피숍에서 공부를 하고 직장인들은 자신의 안방인 듯 소파에 몸을 맡기며 잠시 쉬기도 한다. 또한 간단한 회의와 미팅도 커피숍에서 하며 문화를 즐길 시간이 없는 직장인들에게 문화공간에서의 일이라는 창조적 문제 해결 방식을 제공한다. 휴식공간이자 업무공간이고, 놀이공간이자 개인공간인 커피숍은 일상에 지친 한국인들의 피난처 역할을 한다.

기호식품을 파는 곳이 아닌 문화공간을 제공하는 커피숍의 인기는, 한국 사회가 일과 휴식이라는 두 마리 토끼를 계속 쫓는 한 앞으로도 계속될 듯하다.

한강에서도 자장면 배달이 가능해요?

한국인에게 자장면은 대표적인 배달음식이다. 자장면뿐만 아니라 점심거리, 간식거리, 야식거리는 물론이고 제사음식, 반찬, 세탁물까지 배달되지 못하는 것이 없을 정도다. 이런 일을 가능하게 한 것은 물론 전화 한 통이다. 집이 아닌 거리의 벤치나 한강변에서도 배달 주문이 가능한 데에 세계인이 놀란다.

배달 음식의 미덕은 효율성이다. 음식점에서는 테이블 수가 모자라도 많은 매출을 올릴 수 있고, 손님은 음식점에 갔다 오는 수고와 시간을 덜 수 있어서 모두에게 이익이다. 예를 들어 한국인들은 집을 이사할 때 점심으로 자장면을 시켜 먹는 때가 많다. 짧은 점심시간에 식사와 휴식을 모두 해결하기 위해서는 배달 음식이 정답이다.

사실 자장면은 현재의 배달문화를 증폭시킨 주인공이기도 하다. 80~90년대까지만 해도 자장면은 졸업식이나 입학식, 생일, 파티 등 특별한 날의 음식으로 제격이었다. 그래서 자장면을 시켜 먹는 것은 그 동안의 어떤 수고에 대한 보상으로 인식될 때가 많았다. 90년대 중반 인터넷이 보급되고 온라인 쇼핑산업이 시작되면서 자장면을 배달하던 오토바이는 도서, 소가전, 생활용품을 비롯한 각종 공산품들을 집 앞까지 실어 나르면서 배달 음식의 영역에도 변화가 생겼다. 중식과 한식은 물론 거의 모든 먹거리가 배달이 가능하다.

한국에 배달문화가 발달한 것은, 첫째, 도시의 밀집된 사무실과 아파트, 둘째, IMF 외환 위기 등 여러 번의 경제 위기와 베이비부머 은퇴로 인한 창업의 증가, 셋째, 집밥문화에서 외식 문화로의 변화를 들 수 있다. 도시가 아파트 개발 위주로 발전하면서 한국의 동네 상권은 짧은 거리에 많은 수요자가 거주하는 상업적 특성을 띠게 되었는데, 배달은 작은 가게로 높은 수익을 낼 수 있는 판매 전략이었다. 또한 IMF 이후 경제가 휘청거릴 때마다 직장인들의 은퇴 시기가 앞당겨지면서 창업 인구가 늘었다. 창업자의 대부분이 50대로서 특별한 기술이 없어서 시작할 수 있는 먹거리 사업을 선호하기 때문에 음식점의 수가 늘어가고 경쟁이 불가피해지면서 배달서비스는 필수가 되었다. 음식 배달문화는 슬로우푸드를 지향하는 한식문화와는 상반되는 것이다. 맞벌이 가정이 늘어나면서 집밥보다는 외식을 자주 하게 되고, 음식점의 입맛에 길들여진 사람들이 집에서도 음식점 음식을 찾게 된 것도 배달문화의 원인 중 하나이다.

최근에는 배달앱이 음식전단지를 대신하여 스마트폰 속의 음식들이 불과 몇 십분 만에 배달되는 마법 같은 시대가 되었다. 공연장과 문화 교실이 수요자를 찾아가는 서비스도 있다. 원하는 곳에 공연팀과 강사를 파견하는 신개념 배달이다.

한국의 배달문화는 점심에 햄버거와 음료 한 잔으로 대충 때우는 서양인들과 달리 제대로 된 식사에 대한 한국인의 집착이 만든 문화다. '다~ 먹고 살자고 일하는 것'이라는 유행어에는 먹는 것만큼은 제때 제대로 챙겨먹어야 한다는 관습이 배어 있다. 일 때문에 아무리 급하게 먹더라도 국과 밥에 반찬 서너 가지는 있어야 식사다운 식사라고 할 수 있다. 그 밥심으로 한국 경제를 일으켰던 역사가 아직도 한국인의 밥 문화를 지배하고 있다.

찌개를 같이 먹는 것이 이상하지 않아요?

외국인들이 한국인들과 식사할 때 종종 겪게 되는 당황스런 상황은 하나의 찌개 냄비에 여러 사람의 숟가락이 퐁당거리며 국물을 공유하는 것이다. 불결하지 않는가, 남의 입에 넣었던 숟가락이 내가 먹는 찌개 그릇에 들어가다니. 이런 걸 '퐁당퐁당문화'라고 하는 사람도 있다.

퐁당퐁당문화는 투박한 원시 공동체의 삶을 연상시킨다. 큰 그릇에 담은 음식을 다 같이 둘러앉아 나누어 먹는 모습에서 계급이나 빈부를 가늠할 여지가 보이지 않는다. 그러나 실상 중세 신분제 사회에서 퐁당퐁당문화가 주류 문화가 된 적은 없었다고 단언할 수 있다. 양반과 상민의 구분이 엄격했고 양반들의 모임에서도 상은 제 신분의 크기만큼 제각각 따로 받았음은 중세의 회화 작품에 고스란히 남아 있다. '양반은 가는 데마다 상이요, 상놈은 가는 데마다 일이라'는 속담에는 양반이 독상을 받았던 풍속이 엿보이고, '수염이 석 자라도 먹어야 양반이다'는 속담에는 체면이 양반 사회에서 신분만큼이나 중요한 것이었음을 알 수 있게 한다. '양반은 죽을 먹어도 이를 쑤신다'고 하니 그 체면에 같은 국그릇에 여러 명이 숟가락을 넣는 것이 가당키나 한 소리인가?

독상

전통적으로 한국의 상차림은 공간전개형으로 모든 음식을 한꺼번에 차려놓고 먹는 방식이었다. 밥은 상의 중앙에 약간 왼쪽에, 국그릇은 그 오른쪽에 놓았다. 반찬의 수에 따라 3첩, 5첩, 7첩, 9첩, 12첩으로 차려지는데 김치, 장류, 전골, 찌개, 찜을 제외한 숫자이다.

지체가 높은 사람이 혼자 상을 받으면 독상이고, 지체가 낮아서 혼자 받는 상이 외상이다. 임금 앞에 놓인 상은 수라상이고, 신하들 앞에 놓인 상은 독상이 아닌 각상이라고 한다. 손님을 접대하거나 공식적인 만찬에서 겸상을 하지 않았던 풍속을 보면 찌개를 공유하는 일은 없었을 것이다.

하지만 일상생활에서 한 식구(食口)끼리 식사를 할 때에는 부부 간에 겸상을 하거나 성별로 나누어 겸상을 하기도 했으니 한 그릇의 찌개에 퐁당거리며 나누어 먹을 가능성은 있다. 찌개는 국물을 주로 먹는 국과 달라서, 국물이 적고 진하며 재료에 강한 맛을 내는 역할을 했으니 국물을 먹는다는 개념보다는 그 안의 음식을 나누어 먹는다는 느낌이 강하다. 각자 밥그릇 오른쪽의 국은 마시고, 찌개 속의 맛있는 고기는 어른에게 골라 드리거나 손자에게 양보해 주는 것이 밥상머리 풍경이었다. 퐁당퐁당의 수확물은 내 입보다는 다른 식구의 입을 향하니 받아먹는 기쁨보다 그 건네는 마음이 갸륵한 것이다. 이를 아름답지 않고 불결하다고 느낄 한국인은 없을 것이다.

갑오경장 이후 신분제가 허물어지고 일제강점기와 한국전쟁까지 지내면서 한국에는 양반들도 그들의 독상도 사라졌다. 전쟁 후 먹고 사는 것이 힘들어지면서 한솥밥을 먹는 식구들에게 반찬 수보다는 끼니를 잇는 것이 일상의 고민이었던 시절이었다. 적은 반찬이라도 다 같이 둘러앉아 퐁당거리며 모자란 반찬을 내일에 대한 희망으로 대신했던 60~70년대. 그 시절에 유년기를 보냈던 사람들이 오늘날 직장의 상사가 되고 현재 대한민국의 중장년 세대가 되었다. 그들에게 퐁당퐁당문화는 너와 내가 한 식구(食口)임을 확인하는 의례이기도 하고, 한 그릇

듬뿍 건더기를 떠서 정(情)을 나누는 유년기의 추억이기도 하다.

요즘은 어느 식당에 가나 앞접시를 따로 제공하기 때문에, 퐁당퐁당의 비위생은 피해가고 서로 덜어주는 미덕도 유지할 수 있다. 전통적으로 손님에게는 독상을 베풀었으니, 외국인 손님에게 겸상을 하며 찌개까지 공유하는 것은 한국 예절을 제대로 모르는 사람의 처사이리라. 하지만 문화는 위생과는 다른 가치를 가진다. 같은 직장에서 한솥밥을 먹는 한국인 직장 상사와 찌개 하나 시켜놓고 퐁당거리며 이야기를 나눌 수 있는 외국인이 있다면, 그는 더 이상 이방인이 아닌 '우리' 사람이 된 것이나 마찬가지다.

맛집 찾아 고고!

한국 직장인들의 회식 중 술자리 회식 다음으로 가장 많은 것이 '맛집 투어' 회식이라고 한다. 외근과 접대가 잦은 비즈니스맨들은 맛집 리스트를 업데이트하는 것이 중요 업무 중의 하나이다. 직장인들의 주머니사정이 넉넉지 않았던 90년대까지 맛집 리스트는 업무를 위한 것이었고, 가족이나 친구들 모임과는 별 관계가 없었다. 그때까지는 남성 중심의 연공서열이 기업의 조직문화를 이루고 있었고 맞벌이보다는 남편의 홑벌이가 당연시되던 시절이었다. 주부들은 남편이 벌어 온 월급을 쪼개 알뜰하게 살림을 해야 했으니, 외식은 당연히 연중행사로 치러지는 가정이 많았다.

1997년 IMF 이후 고용안정성이 깨지고, 청년층의 노동시장 정착이 지연되면서 맞벌이 가구가 늘기 시작했다. 통계청 자료에 의하면 1999년에는 맞벌이 가구가 33%, 2009년에는 45%에 이르렀고, 2015년도 기준으로 한국에서 배우자가 있는 가구는 1186만 가구인데, 이 중 맞벌이 가구는 521만 가구다. 지출이 가장 많은 세대인 40대와 50대는 51% 이상이 맞벌이다. 맞벌이화는 무엇보다 기혼여성의 노동시장 진입과 구매력의 증가를 의미한다. 남성과 동등한 교육 수준과 평등한 성의식, 사회 제도의 개혁은 여성의 사회활동을 가능하게 했다.

맞벌이가 만들어낸 사회적 변화는 '음식의 맛'에 대한 의식도 바꾸어 놓았다. 어머니의 손맛으로 일컬어지던 집밥은 점점 사라지고, 이제 신세대 주부들 중 김치나 밑반찬을 스스로 만들지 않는 사람을 주변에서 만나기는 어렵지 않다. 어머니의 김치맛이 최고인 줄 알았던 기성세대가 공장에서 나온 김치맛에서 어머니의 손맛을 느끼는 자신을 발견하고, 감탄한다. '어머니의 손맛'이라는 시적 표현은 일상 음식에 어머니와의 애틋한 추억을 불어넣은 것이었고, 그 어머니의 손맛은 '달에는 토끼가 있다'는 전설만큼이나 아름다운 말이었다. 맛은 주관적이고, 정서와 추억을 같이 머금고 있기도 하니 말이다.

이제 '집밥'은 '외식'에 밀려버렸다. '어머니의 손맛'도 어느 맛집의 간판으로 쓰이고, 그 맛집에는 이름 모를 수많은 자식들이 밥값을 들고 줄을 서서 어머니의 손맛을 보려 한다. 2015년 한국 방송의 화두는 '요리', '먹방'이었다. 요리 문외한인 남성들에게 요리의 맛을 가르쳐주는 요리전문가가 텔레비전 방송에서 큰 인기를 끌었다. 집밥 백선생. 그의 요리를 맛보는 게스트들에게 백선생이 자주 하는 말이 있다. 이거 식당에서 먹던 맛이지유? 식당 밥을 먹으며 "이거 어머니가 해주시던 맛이야"라고 하면, 이제 더 이상 칭찬이 아닌 셈이다. 한국인의 입맛이 바뀌어버린 것이다.

외식에 한국인의 입맛이 맞추어지고, 맞벌이 가구의 증가로 요리 시간이 줄고 구매력이 상대적으로 늘어나면서 맛집을 찾아 떠나는 모험은 이제 큰 즐거움이 되었다. 사람들은 인터넷 블로그에 올린 음식 사진과 평을 공유하며 새로운 맛집 리스트를 작성한다. 부모님에 대한 효도나 친구끼리의 우정 그리고 데이트 상대에 대한 배려도 모두 이 맛집이 해결해 주리라 믿는다. 그래서 맛있는 음식을 만나면 스마트폰으로 찍고, 인간관계에 매력을 더해줄 비밀병기로 삼고자 하는 사람들도 많다.

맛집이 텔레비전 방송을 타면 속칭 대박집으로 소문이 나고 그때부터 매출은 급속히 올라간다. 음식점들의 맛 경쟁은 새로운 맛집의 탄생으로 이어지면서 지금 한국은 맛집으로 넘쳐나고 있다. 2017년 7월, KT CS와 KT IS는 번호안내 114를 통해 TV 프로그램에 소개된 맛집 정보를 제공한다고 밝혔다. 114에서는 '백종원의 3대천왕', '수요미식회', '식신원정대', 'TV생생정보', '6시 내고향' 등 40여개 인기 '먹방' TV프로그램에 등장한 맛집 7,265개 상호와 전화번호 DB를 구축하였고, 114로 해당 프로그램과 방송날짜를 문의하면 맛집 상호와 전화번호를 신속하게 안내해 준다. 이제 대한민국은 명실 공히 '맛집 공화국'이 된 셈이다.

학습 활동

한국 음식 먹기

① 교실에서 학생들을 3~4인 가량 조별로 구성한 후 좋아하는 한국 음식에 대하여 이야기하도록 한다.

② 한국식당에 가서 가게 주인 또는 직원에게 질문할 내용을 미리 준비한다.

③ 조별로 가능한 날 한국식당에 가서 식당 간판, 내부 모습, 메뉴판, 음식 사진 등을 찍는다.

④ 한국말로 음식을 주문하고, 준비한 질문을 하고 대답을 듣는다.

⑤ 음식을 맛있게 먹는다.

⑥ 수업 시간에 사진을 보면서 식당 체험에 대한 이야기를 나눈다.

★ 체험
★ 참여 관찰

✔ 조별활동
✔ 전체활동

한국 음식 만들기 대회	★ 체험

① 학생들을 5~6인 가량의 조별로 구성한다.
② 조별로 만들고 싶은 한국 음식을 선정하고 방법, 재료
   등을 조사하도록 한다.
③ 음식 사진과 조사한 내용을 큰 종이에 한국말로 쓴 후
   교실 벽에 붙여 놓는다.
④ 정해진 날 재료 등을 준비해서 가지고 온 후 조별로 함
   께 음식을 만든다.
⑤ 완성된 음식을 평가단(교사 등)이 시식한 후 순위를 매
   긴다.
⑥ 우수한 조에게 시상한 후 모두 함께 음식을 먹는다.
	★ 조사
	
	✔ 조별활동
	✔ 전체활동

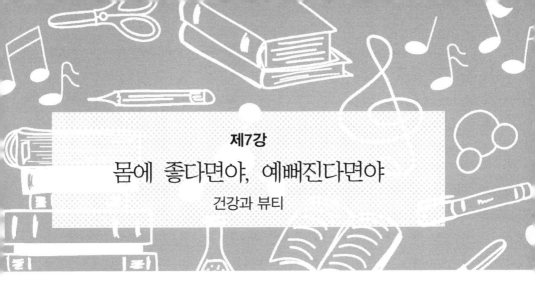

제7강
몸에 좋다면야, 예뻐진다면야
건강과 뷰티

 마이클(인턴)이 궁금한 점

> ※ 주말이면 등산을 같이 가자는 과장님이 부담
>   스러워요.
> ※ TV 건강 프로그램이 재미있어요?
> ※ 한국 사람들은 건강에 좋은 것만 먹어요?

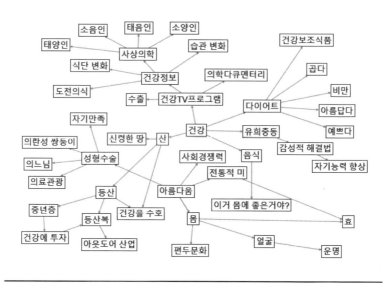

한국 사람들은 왜 항상 등산복을 입고 다녀요?

　전통적으로 한국인에게 산은 신령한 존재다. 한국인의 시조 단군
의 아버지 환웅이 태백산 신단수를 타고 내려 왔을 때부터 산은 신령
한 땅이었다. 토함산의 산신이 된 석탈해, 구지봉에 강림했던 김수
로왕, 신라를 수호했던 세 명의 산신, 태백산·금강산·설악산·계룡
산·팔공산 등 전국 명산들에서 모셔진 산신제, 동네 뒷산마다 있었
던 산신당, 산신이었던 호랑이 설화들과 전설로 전하는 산신령 설화

는 국토의 3분의 2가 산이었던 한반도에서 산과 함께 생활했던 한국인들의 정신세계를 지배해 왔다.

이 나라를 세우고 수호했던 신성한 땅이었던 산이 현대에 와서는 한국인들의 건강을 수호하는 공간이 되었다. 산림청 통계 자료에 의하면 2014년 한국의 등산 인구는 1,800만이고, 2015년 한국갤럽의 여론 조사에 따르면 한국인이 가장 좋아하는 취미는 등산이었다고 한다. 90년대까지만 해도 산악회에는 주로 남성들만 참여했는데, 2000년대 이후 여성 산악인구가 늘면서 등산복에도 큰 변화가 생겼다. 가족을 뒷바라지만 하던 중년 여성들이 자신의 건강에 투자를 하기 시작하면서, 화려하고 다양한 디자인에 가볍고 기능성이 좋은 등산복이 인기를 끌었다. 여성 산악회원의 증가로 남성들도 등산복 패션에 관심을 가지기 시작하면서 한국의 아웃도어 산업은 급성장하며 새로운 의류 문화를 이끌었다.

가끔 같은 등산복을 입은 사람을 산에서 마주치게 되면 새로 등산복을 사거나 겹쳐 입을 옷을 사게 되는데, 자주 가는 산행에 동호회 회원들의 등산복 품평을 듣다보면 더 좋은 기능의 등산복으로 업그레이드하기도 쉽다. 그렇게 구매한 등산복들이 산에 올 때마다 새로 갈아입을 정도로 여러 벌인 사람들이 많다. 최근에는 평상복처럼 입을 수 있고 사계절이 뚜렷한 한국의 기후에 모두 적합하게 만들어진 등산복이 인기를 끌면서 산과 도시, 날씨를 가리지 않고 등산복이 거리 곳곳을 누비게 되니, 외국인들의 눈에는 등산복 차림의 아저씨들을 영화관 앞이나 경기장 안에서 만나는 것이 이상하게 느껴질 만도 하다. 등산복은 '아저씨 교복'이라는 말이 나올 정도다.

한국의 산은 도시를 둘러싸고 있어 접근성이 좋고, 봄, 여름, 가을, 겨울 계절별로 각기 다른 세계를 보여준다. 게다가 중년층의 건강까지 산에 의지할 수 있으니 한국인과 산은 뗄 수 없는 운명적 관계라고 해도 과언이 아니다. 또한 등산복은 한국인에게 건강의 상징이면서 중년층이 유일하게 돈을 아끼지 않는 필수 아이템이 되었다.

해외여행을 갈 때에 외국인들은 여행지에 어울릴 만한 패션의 옷을 챙겨 가는데, 한국인들 중 상당수는 등산복을 입고 간다. 파리 에펠탑 아래서 등산복을 입고 단체로 찍은 사진은 외국인들에게는 아름답게 느껴지지 않을 수 있으나, 정작 당사자들은 세계 어느 곳도 여행할 수 있는 전천후 옷이 여행짐을 가볍게 하고 건강한 느낌도 주어 좋을 뿐이다. 산의 민족답게 등산복을 새로운 해외여행 트랜드로 만들 수 있을지 기대해 본다.

제 여자사람친구들은 다 다이어트를 해요

"다이어트를 한다니, 무슨 소리야?" 살을 빼는 것을 이해하지 못하는 할머니가 초등학생 손녀를 나무란다. "내가 보기엔 지금 딱 예쁘기만 한데..." 아이돌 그룹의 춤에 꽂혀 있는 아이가 그 말을 곧이 들을 리 없다. "사진 찍으면 너무 뚱뚱하게 나오는데 내가 딱 예쁘다고? 할머니, 너무해!" 그렇다. 할머니가 보기엔 정말 예쁘다. 고구려시대의 고분 벽화까지 들먹이지 않고 20세기 초에 찍은 조선왕실 여인의 사진을 보더라도 전통적 미인은 결코 마른 체형이 아니었음을 알 수 있다. 귀족 여성들은 영양 상태가 좋아 약간 통통한 몸매였고, 시녀들은 깡말랐다. 1980년대까지만 해도 한국에서 사장님의 이미지는 뚱뚱하고 배가 나온 모습이었다. 북한의 지도자도 일부러 살을 찌워 뚱뚱한 몸매를 유지한다고 하니 몸이 신분을 증명해 주는 셈이다.

할머니의 할머니 세대에는 '예쁘다'는 말보다는 '곱다'는 말을 썼다. 15세기 훈민정음 서문에도 나오는 '어엿브다'는 '예쁘다'의 어원인데 '불쌍하다, 가련하다'는 뜻이다. 17세기 이후부터 예쁘다는 뜻으로 '어여쁘다'가 사용되다가 현대 한국어에서 '예쁘다'로 축약됐다. '곱다'는 부드럽다는 느낌을 강조한 말로 '피부가 곱다'처럼 쓰인다. 20세기까지만 해도 '예쁘다'는 말보다 '곱다'는 말을 쓰는 사람들이 많았다. '곱다'의 초점은 '피부'에 있었으므로 중년 여성이 아무리 얼굴이나 몸매가 좋아도 '곱다'고 표현할 수는 없었다. 그럴 때

쓰는 말이 조화와 균형을 표현하는 '아름답다'이다. '예쁘다'는 모양성을 강조하는 말이어서, 작고 귀엽고 그래서 불쌍한 느낌까지도 주는 것을 형용하는 말이다. 그래서 어린이들은 다 예쁘고 곱기만 하다. 아름답다고 표현한다면 뭔가 이상한 느낌이다.

젊은 여성들의 다이어트는 탄력 있는 피부와 균형 잡힌 몸매, 그리고 작은 얼굴을 지향하고 있으니, '곱고 아름답고 예쁘다'는 세 마리 토끼를 겨냥하고 있는 것이다. 이를 위한 많은 다이어트법이 소개되고 있다. 음식 다이어트, 운동 다이어트, 계절별 다이어트, 나이·성별·체질에 따른 다이어트, 약물 다이어트, 건강보조식품 다이어트 등 그 종류도 다양하다.

최근에는 정부도 국민들의 비만에 대해 관심을 가지고 다이어트 열풍을 긍정적으로 바라보고 있다. 한국인의 기대 수명이 연장되면서 이제 건강한 노년 인구를 만드는 것이 건강보험의 재정 손실을 줄이는 것이기 때문이다. 다이어트를 바라보는 정부의 시각은 '건강'이지만 젊은 세대들이 다이어트를 하는 것은 다른 이유들이 있다. 젊은 한국 여성들에게 다이어트를 한다는 것은 다중적인 의미로 해석된다. "다이어트를 할 때가 되었다"고 누군가에게 선언했을 때의 속뜻은 "원래 내 모습은 이렇지 않다 / 본래의 모습으로 돌아가려 한다. / 지금의 모습으로 나를 기억하지 마라 / SNS에 올릴 멋진 사진이 필요하다 / 곧 여름이 다가온다"는 뜻일 수 있다. 만약 "다이어트를 반드시 해야 해"라고 말했다면, 곧 결혼을 해야 하거나 선망의 대상이 나타났다든지 취업을 준비하는 것이다.

다이어트를 하는 속사정은 모두 다르지만, 한국인에게 다이어트는 '고생 끝에 낙이 온다'는 속담을 실현시키는 '믿고 보는 드라마' 같은 것이다.

강남에 가보고 깜짝 놀랐어요

'성형 수술'하면 역시 '한국'이다. 2011년 인구 대비 성형 수술 횟수가 가장 많은 나라로 조사되기도 했고, 예쁜 얼굴로 잘 수술하는 유명 성형외과 의사는 '의느님(의사+하느님)'이라고 불리며 그렇게 수술을 받아 유명 연예인과 똑같은 미모를 얻게 된 사람은 '의란성 쌍둥이(의사+일란성 쌍둥이)'라고 할 정도로 성형외과 병원이 많다. 강남에는 의료관광이라는 이름으로 성형 수술을 위해 들어온 외국인들로 넘쳐난다. 우리 몸은 털 하나라도 부모에게 받지 않은 것이 없으니 함부로 다치지 않게 조심하는 것이 효의 시작이라고 생각했던 조선시대 양반들은 상상도 못했던 일이 2010년대 한국에서 벌어지고 있다. 개화기에 단발령에 저항하며 부모님이 물려주신 머리카락을 자를 수 없다고 목숨을 걸고 버티던 한국인들이, 이제는 쌍꺼풀 수술은 기본이고 이마·눈·코·턱의 미용 목적 수술을 위해 성형외과를 제 발로 찾아가는 것이다.

조선시대 이전은 어땠을까? 고대 한국에도 귀족계급은 성형 수술을 했다. 한반도에서 출토된 고대인의 유골을 보면 정상적인 인골에 비해서 얼굴 폭이 넓고, 미간에서 정수리까지의 길이가 훨씬 짧으

편두

며, 이마 부분도 뒤로 누워 있는 특이한 모양이다. 이를 '편두(編頭)'라고 하는데 『삼국지(三國志)』「동이전(東夷傳)」〈변진(弁辰)〉에 의하면, "어린 아이가 출생하면 곧 돌로 그 머리를 눌러서 납작하게 만들기 때문에, 지금 진한 사람의 머리는 모두 납작하다"고 했다. 그래서 이마가 뒤로 젖혀지며, 코는 성형 수술을 한 현대 여성처럼 오똑하게 되며, 턱뼈가 작아지고, 뒤통수가 튀어나온 모습이 된다. 신라에서 출토되었던 금관들이 현대인이 머리에 쓰기에 지나치게 작은 것도 사실은 이런 편두 때문이라 추측된다. 편두 시술은 목숨 빼앗기도 하는 위험한 것이었지만, 조상이 하늘에서 내려왔다는 믿었던 귀족 계급은 자기 과시와 신분 표현을 위해 이 관습을 이어갔다. 가야인들은 상투를 틀고 고깔을 쓰고 다녔다는 기록이 있는데, 이 역시 편두 문화가 만들어낸 그 시대의 패션이었을 것으로 생각된다.

얼굴의 모습을 바꾼다는 것은 운명을 바꾼다는 뜻으로 해석된다. 얼마 전 〈관상〉이라는 영화가 큰 인기를 얻기도 한 것처럼, 사람의 얼굴 모습을 보아서 운명을 판단하여 나쁜 일을 막고 복을 부르려는 '관상'이 과학기술의 시대에도 여전히 힘을 발휘하고 있다. 눈·코·입과 이마는 물론 주름과 점의 모양과 빛깔, 위치에 따라 사람의 운명이 정해진다고 믿는다. 실제로 성형 수술을 하면 운명이 바뀌는가에 대해 과학적으로 증명할 방법은 없다.

영화 〈관상〉

다만 성형 수술로 속칭 '얼짱'이 된 연예인들
이 대중매체에 자주 등장하여 성형미를 상업
적으로 이용하고 있을 뿐이다.

신윤복의 〈미인도〉 (부분)

　대중 매체와 경쟁 사회가 빚어내고 있는 외
모지상주의는 건강한 얼굴보다는 자로 잰 듯한
컴퓨터미인이 되라고 부추기는 경향이 있다.
막 태어난 아기들도 비대칭형의 얼굴보다는 대
칭형의 얼굴을 보고 더 자주 미소를 짓는다고
하니, 뛰어난 얼굴 비율이 선천적으로 호감의 대상이 된다는 사람들도
있다. 하지만 대칭성과 비율은 의미가 다르다. 사람의 얼굴은 일반적
으로 좌우 대칭이기 때문에 아이의 미소가 미를 판별하는 기준이 되지
못한다. 대칭은 좌우 같음을 말하지만 비율은 보는 그것을 어떻게 나누
느냐는 사람의 주관이 개입하기 때문이다.

　한국의 고분 벽화 속의 여인과 현대적 미인은 동양인과 서양인 모
습만큼이나 차이가 있다. 이마 라인부터 양눈썹 중앙까지(상안), 양눈
썹 중앙에서 코까지(중안), 코에서 턱까지(하안)의 비율이 1:1:0.7이
되어야 현대적 미인이라고 볼 수 있다. 그래서 18세기에 그려진 신윤
복의 〈미인도〉를 두고 전통적 미인에 대한 말이 많다. 넓은 이마에
오똑한 코, 갸름한 얼굴선 게다가 얼굴 비율이 현대 미인의 기준에
맞으니 말이다. 비율만 보자면 동서양의 미인의 기준이 같은 셈이다.
하지만 18세기는 기생의 활동이 활발했던 시기였고 양반집 부인들이
기생들의 장식이나 옷차림을 따라할 정도로 패션의 리더 역할을 했었
으니, 〈미인도〉의 주인공은 기생일 가능성이 높다. 기생에게 요구되

는 것이 얼굴의 아름다움이라고 생각하면 기생문화를 잘못 이해하고 있는 것이다. 기생이 조선사회에서 대접받았던 것은 예술과 학문을 겸비했던 예능인이었기 때문이다. 내면의 품성과 지식 그리고 예술 능력을 겸비하지 못하면 '아름다움'을 제대로 갖추지 못한 하급으로 치부했다. 문학 능력이 관리 등용의 기준이 되었던 조선시대에 그런 양반네들과 같이 한시로 화창할 수 있었던 기생들은 많은 한시·시조 작품들과 함께 아름다운 이야기를 전승하고 있다. 전통적 미인은 외모만 아니라 내적 아름다움도 함께 갖춘 사람이었다.

현대 한국 여성들이 성형을 하는 이유를 두고 그것이 전통적 미에 맞느니 안 맞느니 따지는 것은 부질없는 짓이다. 성형 수술의 효용은 자기만족에 있는 것이고, 외모가 사회 경쟁력으로 인식되는 것도 취업상황이 나쁘기 때문이지 한국 문화와는 큰 상관이 없다. 최근 한국 여성들은 '얼짱'에 대한 집착에서 벗어나 '엉짱', '꿀벅지', '베이글녀' 등 건강한 외모를 가꾸는 쪽으로 관심을 돌리고 있다. 가야 시대의 편두문화가 중세시대에 사라지고, 머리카락에 칼을 대지 못한다는 개화기인의 관념이 헤어패션으로 대체되는 사회적·문화적 변화는 앞으로도 계속될 것이기 때문에, 성형 열풍을 한국사회의 병리현상인 듯 보는 시각은 비평자의 조급함만을 보여주는 것은 아닐까.

한국 사회가 노령화되면서 건강정보를 다루는 텔레비전 프로그램이 인기다. 65세 이상 노인 인구는 2015년 13.1%를 기록했고, 2026년에는 20%, 2050년에는 35.9%가 될 것으로 예측되고 있다. 또한 2016년 세계보건기구가 발표한 한국의 기대수명은

이애란의
〈백세인생〉

남자가 78.8세 여자가 85.5세로 세계 11위였다. 건강하게 오래 사는 것이 당연히 사회적 화두가 되었다. 최근 한국에서 인기를 얻은 〈백세인생〉이라는 노래의 가사에는 "칠십 세에 저 세상에서 날 데리러 오거든 / 할 일이 아직 남아 못 간다고 전해라"라며 노인들의 사회적 활동 욕구를 대변하고 있다. 이어지는 노래에서 80세는 '아직은 쓸 만해서' 그리고 빨리 가려니 '자존심 상해서' 못 간다고 주장할 정도로 백세까지 건강하게 살아야 하는 삶은 한국 사회의 숙제가 되었다.

이런 숙제를 도와주는 프로그램들이 있다. 의학다큐멘터리 〈생로병사의 비밀〉, 각 분야 전문의들이 패널로 등장하는 〈내 몸 사용 설명서〉, 〈나는 몸신이다〉, 〈비타민〉 등의 건강 프로그램들은 어떻게 건강하게 살 수 있는지에 대한 다양한 정보를 제공한다. 특히 〈생로병사의 비밀〉은 세계 여러 나라로 수출되어 의학과 건강 정보를 세계인이 공유하고 있다.

그럼 이런 건강 프로그램은 재미있는가?

재미를 추구하는 인간의 욕망을 유희 충동이라고 하는데, 재미는

유희 충동에 의해서 얻을 수 있는 긍정적인 심리 에너지다. 건강이라는 문제에 대해서 감성적인 해결법은 〈백세인생〉과 같은 노래에서처럼 유희로 바꾸는 것이다. 노인들의 '늙으면 빨리 죽어야지' 라는 말은 한국의 3대 거짓말 중의 하나인데, 언어적 유희라는 측면에서 사실 같은 맥락이다. 인간은 선천적으로 도전적 과제를 수행하고 도전 과정에서 얻어지는 자기능력 향상을 통해 긍정적 정서를 경험하고 재미를 느끼게 되어 있다. 슈필베르거와 스타의 연구(Spielberger & Star, 1994)에 의하면, 도전적인 과제에 직면하면 자신의 기대와 불일치를 줄이려고 하는 동기가 발생하고, 이를 해결하고 성취하는 과정에서 기쁨이나 즐거움과 같은 긍정적인 정서 상태를 경험하게 된다.

자신의 건강 문제에 대한 이성적 해결법을 혼자 찾기는 어렵다. '아프니까 노년이다'라는 보험회사 광고 멘트의 위협을 이겨내고 시청자 스스로가 건강 문제를 해결해 낼 수 있는 도전과제를 건강 프로그램이 제공한다. 80세에 가려니 자존심 상해서 못 가겠다는 〈백세인생〉의 노래가사처럼 '늙으면 죽어야지'하는 자포자기에서 이런 숙제를 해내지 못하면 '자존심 상할 것'이라는 노인들의 관점 변화가, 건강 문제에 있어서 도전과 성취 욕망을 자극하고 있다. 노인들은 도전을 통해 자기능력 향상을 경험하고 재미를 느낀다. 그러니 건강 프로그램은 재미있다고 느낄 수밖에 없다.

프로그램 자체의 성격도 재미를 가중시키는 요소다. 의사가 알아듣기 어려운 전문적인 말로 강의하던 방식에서 벗어나, 노년층에 속하는 스타급 패널들이 일반인들의 시각에서 경험을 나누고 문제제기를 하고 개그맨은 감초 역할을 하며 삶의 고통들을 해학으로 바꾸어 놓는다. 시청자의 눈높이에 맞추어 일상생활에서 실천 가능한 다양한 방법과 노하우를 시연하여 보여주며, 실제 그런 방법을 통해 병을 이긴 체험자들이 등장하여 시청자의 도전의식을 자극한다. 한 시간 정도의 프로그램에서 보여주는 '삶의 좌절과 도전 그리고 극복의 스토리'는 여느 드라마와 다를 바 없는 카타르시스를 제공한다. 게다가 그 드라마의 후속 작품의 주인공은 바로 시청자 자신이 될 수 있으니 이보다 더한 재미를 주는 것도 없을 것이다.

프로그램 시청 후의 상황은 더 재미있다. 어떤 증상에 효과가 좋다고 소개된 음식은 마트에서 바로 동이 나버리고, 프로그램을 시청하지 못한 친구와 지인들에게 "이건 꼭 먹어라, 저건 먹지 마라, 이렇게 ○○하라" 등등 전 국민이 의사가 된다. 그래서 식단이 바뀌고 생활 습관에 변화가 생긴다. 항상 다 아는 척 부모님 말을 귓등으로 듣던 젊은 세대도 노인들이 전하는 건강 정보와 생활 방식의 변화에 놀라게 된다. 미각이 약해서 요리 솜씨가 이전만 못한 노인들도 '내가 차려주는 음식이 맛이 좀 없더라도 건강식단으로 제대로 차린 것'이라는 강변으로 아이들을 식탁에서 떠나지 못하게 할 수 있다. 그리고 그 밥을 먹고 식구들이 건강해진 느낌을 갖게 된다면 다음 주 프로그램 예약도 필수가 되기 마련이다. 건강 프로그램은 나름 재밌다.

　이거 몸에 어떻게 좋은 거야? 한국인들이 평소에 먹지 않는 음식을 먹게 될 때 자주 하는 말이다. 음식에 대해서는 '맛이 있는가'를 묻는 것이 습관인 서양인들이 들으면, 그 한국인을 음식 조절 중인 환자이거나 아주 까다로운 성격의 소유자라고 오해할 수도 있다. 몸에 좋은 약은 입에 쓰다는 속담처럼 몸에 좋은 음식이 맛까지 좋으리라는 보장은 없으나, 한국인들에게는 '맛'보다는 '건강'이 우선이다.

　건강에 좋지 않은 음식이 한국에는 그렇게 많은가? 한국인들은 사람마다 체질이 다르고 그에 맞는 음식도 다르다고 생각한다. 나에게 맞는 음식이 다른 사람에게는 독이 될 수 있다. 한의학에서는 사람의 체질을 4가지로 즉, 태양인·태음인·소양인·소음인으로 구분한다. 이를 사상의학(四象醫學)이라고 하는데 1894년 이제마(李濟馬)가 〈동의수세보원(東醫壽世保元)〉에서 처음으로 창안하여 발표한 것이다. 사람은 생리적으로 네 가지 체형(體形)의 범주에서 벗어날 수 없다고 했으며, 체질에 따라 약이 되는 음식과 독이 되는 음식이 정해져 있다고 보았다.

　먼저 태양인은 담백하고 서늘한 음식이나 지방질이 적은 해물류, 채소류 등을 소식하는 것이 좋다. 맵고 지방이 많은 음식이나 고칼로리 음식은 피해야 한다. 메밀, 냉면, 솔잎, 새우, 조개, 문어, 오징어, 포도, 감 등은 태양인에게 이롭다. 하지만 쇠고기와 설탕, 무, 조기는 등은 해롭다.

태음인은 소화기와 흡수 기능이 좋아 살이 쉽게 찔 수 있으므로 과식하지 말고 식사량을 일정하게 유지해야 한다. 땀과 호흡을 관장하는 순환기와 배변, 배뇨 등 배출 기능이 상대적으로 약하므로 평소 운동을 하는 것이 좋다. 태음인은 고단백 음식이나 채소류가 좋은데, 쇠고기, 우유, 버터, 배, 밤, 무, 도라지, 버섯, 당근, 밀, 콩, 콩나물, 현미 등이 좋다. 해로운 음식으로는 돼지고기, 닭고기, 염소고기, 배추, 사과, 꿀, 설탕 등이 있다.

소양인은 몸에 열이 많은 체질이다. 맵고 자극적인 음식을 피하고 규칙적으로 일정량의 식사를 하면 좋다. 싱싱하고 시원한 음식, 채소류와 해산물을 먹어야 하는데, 돼지고기, 계란, 오리, 굴, 해삼, 새우, 전복, 가물치, 복어, 등푸른생선(고등어, 참치, 꽁치 등), 배추, 오이, 가지, 호박, 보리, 팥, 참깨, 녹즙 등이 이롭다. 반면 쇠고기, 닭고기, 우유, 인삼과 홍삼, 녹용, 땅콩, 고추, 생강, 파, 마늘, 후추, 겨자 등은 소양인에게 해롭다.

소음인은 속이 차가운 체질이다. 평소에 찬음식을 피하고 따뜻한 음식을 먹어서 소화 기능과 배변 기능을 활성화해야 한다. 소화 기능이 약하므로 과식을 삼가고 조금씩 자주 먹는 등 소식하는 습관이 필요하다. 닭고기, 양, 노루, 꿩, 명태, 북어, 미꾸라지, 조기, 멸치, 대추, 사과, 토마토, 시금치, 미나리, 양배추, 파, 마늘, 생강, 인삼차, 생강차 등이 몸에 이롭다. 해로운 음식으로는 소고기, 돼지고기, 우유, 메밀, 배추, 배, 수박, 오리, 풋과일, 고구마, 밤, 호두, 녹두, 보리 등이 있다.(네이버 지식백과 사상체질(四象體質) 참고)

그럼 자신이 이 네 가지 체질 중 어느 것에 속하는지 어떻게 알 수 있을까? 한의사를 당장 만나기 어렵다면 다음 자가 진단법을 활용해 보는 것도 좋은 방법이다. 1~4번까지 자신에게 가장 맞는 번호를 고른다. 1번을 많이 선택한 사람은 태양인, 2번은 태음인, 3번은 소양인, 4번은 소음인일 가능성이 많다.

○ 나의 생김새는?

1. 머리가 크고 목덜미가 튼튼하며 얼굴이 둥글다.

2. 얼굴이 둥글고 목덜미가 가늘다.

3. 머리가 앞뒤로 튀어나오고 목은 가늘고 길다.

4. 외모가 얌전하고 얼굴이 작은 편이다.

○ 나의 체형은?

1. 상체는 건실하나 하체가 부실하며 살이 잘 찌지 않는다.

2. 상체는 약한 편이고 하체는 발달되어 있고 살이 찐 편이다.

3. 어깨와 가슴이 넓고 엉덩이가 좁아 역삼각형의 체형이다.

4. 키나 체격이 보통 작은 편이며 마르고 약한 체형이다.

○ 나의 성격은?

1. 처음 만난 사람도 쉽게 사귀는 편이며 일을 할 때에는 강한 추진력이 있다.

2. 이해심이 많고 매사를 신중하게 생각하는 편이다.

3. 활발하고 열정적이며 성격은 급한 편이다.

4. 매사에 치밀하고 정확하며 걱정이 많은 편이다.

○ 나의 건강상태는?

   1. 오래 달리기를 잘 하거나 술을 잘 마시지 못한다.

   2. 술은 잘 마시거나 오래 달리기는 잘 못한다.

   3. 음식을 많이 먹어도 소화가 빠른 편이다.

   4. 소화가 잘 안되고 아랫배가 냉하다.

한국인들이 먹을 때마다 건강에 좋은 거냐고 자꾸 물어보는 이유가 여기에 있다. 음식이 약리작용을 하며 건강하게도 하고 병들게도 한다는 것을 한의학이 꼬집어 말하고 있기 때문이다. 사실 고대 그리스의 의사이며 학자인 히포크라테스도 '음식을 약처럼' 먹으라고 한 바 있다. 그런 점에서 동서양을 막론하고 음식이 몸에 미치는 영향에 대해서는 의견이 일치한 셈이다.

하지만 운동으로 건강을 지키려는 서양인들이 보면 여전히 이해가 되지 않는 한국만의 문화일 수 있다. 음식과 건강에 대한 관념은 매우 오랫동안 전승된 한국의 전통문화다. 전통적으로 운동으로 건강해질 수 있다는 생각보다는 음식으로 건강하게 해야 한다는 관념이 강했다. 산이 많은 한국의 주거 환경을 생각해 보면, 나무를 하러 산에 가고, 산신당에 기도를 하고, 산나물을 채취하고 골짜기에서 목욕을 해결했던 생활 문화에서 운동이 부족해 보이지 않는다. 항상 부족했던 것은 음식이었고, 많이 먹을 수 없으니 적은 양이라도 효율성을 따져 먹으려 한 것이다.

서양에도 "I am what I eat(내가 먹은 것이 바로 나다)"라는 말이 있듯이, 음식은 나를 정의하는 구성 요소 중 하나임이 분명하다. 먹는 것이 '나'를 이룬다는 생각은 나에게 해로운 음식에 대한 방어기제를 작동시킨다. "이거 몸에 좋은 거야?"

그래서 '내가 먹은 것이 바로 나'라는 말처럼, 태음인이 소고기요리를 먹으면 몸에 이롭지만, 싸고 쉽게 먹을 수 있는 패스트푸드(Fast Food)를 먹으면 "행동이 빨라지고, 싼 티가 흐르며, 남에게 쉬워 보이게 되는(Fast food is fast, cheap and easy)" 해로움이 생길 수 있으니 주의해야 한다. 유머는 건강에 좋다.

학습 활동	
토론하기	★ 토론
㉠ 미용 성형	★ 발표
㉡ 개고기 식용	
㉢ 한국의 건강 정보 홍수	✔ 조별활동
㉣ 건강/미용 관련 기타 자유 주제	✔ 전체활동
① 주제에 대하여 교사가 충분히 설명을 한 후 질의응답을 한다.	
② 토론 형식에 대해 이해시킨 후 조를 편성하거나 반 전체 활동으로 한다.	
③ 찬성팀과 반대팀의 숫자가 대체적으로 균형을 이루도록 교사가 도와준다.	
④ 각 팀의 주요 내용을 팀별로 정리한 후 토론이 끝난 후 발표하도록 한다.	

자국의 건강 정보 이야기하기	★ 발표
① 자국의 특별한 건강 음식에 대하여 조사한다. ② 자국의 특별한 건강 정보 및 방법에 대하여 조사한다. ③ 내용을 정리해서 사진을 포함하여 PPT로 발표한다. ④ 서로의 발표를 듣고 질의응답 시간을 갖는다.	✔ 개인활동

자신의 뷰티 / 건강 노하우 공개하기	★발표
① 교사는 학생들에게 종이를 한 장씩 배부한다.	
② 학생들은 다른 학생들이 보지 않도록 각자 종이에 '뷰티'와 '건강' 중 자신이 원하는 분야의 특별한 노하우를 구체적으로 적는다. 자신의 이름은 쓰지 않는다.	✔ 개인활동
③ 완성한 후 교사가 종이를 걷어서 교실 벽에 붙인다.	
④ 학생들은 돌아다니면서 글을 읽고, 마음에 드는 글에 표시(☆ 또는 ♡ 등)를 한다.	
⑤ 표시가 끝난 후 글을 작성한 본인이 나가 이름을 쓴다.	
⑥ 최고로 뽑힌 사람에게 시상한다.	

제8강

찬물도 위아래가 있다

예절 문화

 마이클(대학 3년)이 궁금한 점 ──────────

> ※ 인사만 잘해도 사회생활이 편하다고요?
> ※ 왜 두 손으로 받아야 해요?
> ※ 찬물도 위아래가 있다고요?

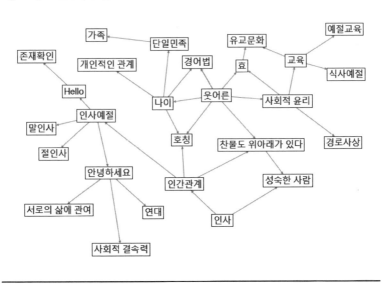

인사만 잘해도 사회생활이 편해진대요

어느 사회나 인간관계는 매우 중요하다. 경어법이 발달하지 않은 수평적 사회에서는 인사법은 어렵지 않다. 상대에 대한 정성과 진실이 담겨 있으면 그것으로 충분하다. 그러나 한국처럼 수직적인 사회에서는 어른과 상사에 대한 인사 예절이 상황에 따라 다르고 인사법도 말로 하는 입인사와 몸으로 하는 절인사가 있어 올바른 인사법을 익히지 않으면 좋은 인간관계를 형성하기가 쉽지 않다.

인사성(人事性)의 접미사 '–성(性)'은 성질을 나타내는 말로서, 인사성은 '예의 바르게 인사를 차리는 성질이나 품성(표준국어대사전)'을 말한다. 사람의 여러 품성 중에 인사하는 것을 넣은 것은 다른 지식과 능력이 갖추어져 있어도 인사성이 바르지 못하면 그 능력을 다른 사람들이 인정해 주지 않는 한국 문화 때문이다.

한국에서는 인사만 잘 해도 인생의 반은 성공이다. 인사성이 없이 사회성 없고 사회성 없이 직장생활을 하는 것은 불가능하다. 속담에 '익은 벼가 고개를 숙인다'고 한다. 성숙한 사람의 겸손함을 뜻하는 것인데, 겸손하기 때문에 남들에게 먼저 허리를 숙여 인사한다고도 볼 수 있다.

한국의 인사는 말로 하는 말인사와 몸으로 하는 절인사가 있다. 자신보다 어른이나 직위가 높은 사람 또는 손님을 만났을 때 하는 절인사는 다음과 같다.

· 목과 등을 펴고 배를 당겨 의연한 자세를 취한다. 양 무릎을 붙이고 팔을 겨드랑이에 붙인다.
· 몸을 숙일 때는 머리만 숙이지 말고 허리를 숙인다. 천천히 하나, 둘 세면서 숙이고 다시 셋, 넷, 다섯을 세면서 몸을 편다.

이런 절인사는 한국 사회를 살아가면서 반드시 익혀야 될 예절이다. 해외에 진출한 한국 스포츠 선수들은 한국에서 하던 대로 인사했을 뿐인데도 그 나라의 언론에서 크게 화제가 되기도 한다. 1994년

마운드에서 인사하는 박찬호 선수

미국의 메이저리그에 투수로 진출했던 박찬호 선수는 첫 경기에서 한국에서 하던 대로 마운드에 올라서자 모자를 벗고 주심에게 인사를 했다. 미국 야구에서 볼 수 없었던 사건으로 미국 언론에 자주 언급되기도 했다. 박 선수는 새로운 직장인 미국 야구팀에서의 첫 인간관계 만들기 전략으로 인사를 택한 셈이다.

일상생활에서의 말인사는 주로 "안녕하세요 / 안녕하십니까 / 안녕"을 쓴다. 상대의 안녕함을 묻는 이 인사말은 시간에 상관없이 쓸 수 있어서 아침·점심·저녁·밤인사로 구분하는 다른 나라의 인사법과 다르다. 서양인들은 'How are you?'하면 무조건 'I'm fine. thank you'하는데, 한국인은 '안녕하세요'라고 하면 '응, 오랜만이야 / 뭐 그저 그래 / 요즘 죽겠어 / 너도 잘 지내지?' 등 다양한 대답이 나온다. 삶의 안녕함을 묻는 묵직한 의미에 듣는 사람들이 반응하는 것이다. 그래서 시간대를 구분하지 않고 마구 '안녕하세요'만 남발하는 것처럼 보이는 한국식 인사에 대해 비평하는 서양인에게, 왜 당신들은 무조건 'fine, thank you'라고 의미 없는 대답을 하는가 하고 되묻는 한국인도 있다. 한국에서 인사의 중요성은 아침인사, 점심인사 같은 형식성을 뛰어넘어 상대의 평안함을 묻고, 그의 삶에 대해 이야기를 나누는 첫단추라는 점에서 찾을 수 있다.

　외국인들은 엘리베이터에서 처음 마주친 사람에게도 'Hello'하고 외친다. 이를 두고 어떤 사람들은 한국인이 외국인보다 인사성이 떨어진다고 생각하는 사람도 있다. 하지만 한국인의 입장에서 'Hello'는 상대의 평안함을 묻는 온전한 인사가 아니다. 'Hello'는 서양에서도 19세기 말이 되어서야 쓰이기 시작한 말이다. 원래 사냥개나 나룻배 사공을 외쳐 부를 때 사용했던 'Halloo'에서 나온 말이다. 안녕(安寧)과 'Halloo'의 의미 격차가 크게 느껴진다. 'Hello'는 서로의 존재를 확인하는 말이니까 엘리베이터에서 쓰기에 딱 적당한 말이다. 그에 비해 엘리베이터에서 잠깐 만나고 스쳐갈 낯선 사람에게 건네는 '안녕하세요'는 남의 삶에 불쑥 개입한다는 느낌마저 들게 한다. 사실 불편하다고 느끼는 한국인이 많다. 그래서 한국인들은 엘리베이터에 누가 탔을 때, 걸음을 물러 상대에게 공간을 내어 준다든지 '열림' 버튼을 눌러주는 식으로 서로의 존재에 대한 교감을 대신한다.

　낯선 사람이 아닌 직장 동료나 상사, 학교 선후배, 선생님 그리고 친인척 등 이미 어떤 관계를 가지고 있는 사람을 만났을 때는 반드시 '안녕하세요'하고 인사해야 한다. 어떤 방식으로든 서로의 삶에 관여하고 있는 셈이니, 서로의 안부를 묻고 안녕치 못하는 일에 대해 해결책을 찾거나 고민을 해 주는 것이 의무이다. 이런 사회적 결속력과 연대를 만들어 주는 말이 '안녕하세요'이니, 사회생활의 성패는 이 인사에 달려있다고 해도 과언이 아닐 것이다.

찬물도 위아래가 있다고요?

1894년 갑오경장(甲午更張) 이전까지 한국은 신분제에 의한 계급 사회를 유지해 왔으며, 유교적 가족질서를 근간으로 국가를 경영해 왔다. 상대와 어떤 상하관계에 놓여 있는지에 따라 행동과 말에 제약이 있었다. 이런 전통이 아직도 현대 한국어 경어법과 호칭에 강하게 남아 있고 웃어른과 상사에 대한 존대 문화로 이어지고 있다.

'찬물도 위아래가 있다'는 속담은 하찮은 찬물을 마시는 데에도 윗사람과 아랫사람의 순서가 있다는 뜻으로, 윗사람을 공경해야 함을 비유적으로 이르는 말이다(표준국어대사전). 전통 사회에서 개인의 정체성은 그를 둘러싼 친족과 사회적 관계에 의해서 정의되기 때문에 개인의 행동과 말 역시 사회적 관계 속에서 규정되었다. 아랫사람에게 요구되었던 사회적 윤리는 효(孝)와 경로 사상이었다. 이는 위로는 왕부터 아래로 천민에 이르기까지 모든 계급에서 반드시 지켜야 하는 사회적 윤리였기 때문에, 임금님도 1년에 한 번씩 70세 이상의 노인들을 궁에 초청하여 음식과 선물을 드리는 경로사상을 실천하였으며, 그런 기로연(耆老宴)에서 친히 노인들 앞에서 먼저 일어나 예를 취하는 모습을 보이기도 했다.

'찬물도 위아래가 있다는 말'을 윗사람이 아랫사람보다 이익을 선취하는 쓸데없는 서열문화로 치부하는 사람도 있다. 그러나 속담의 뜻을 들여다 보면 다른 사람에 대한 관심과 배려가 있다. 다른 사람을 도와주거나 보살펴 주려고 마음을 쓸 때 인간애가 싹튼다. 예전에는 부모가 수저를 든 다음에 아이들이 밥을 먹을 수 있었고, 늙으신 부모님께 고기반찬을 양보하는 것이 관습처럼 되어 있었다. 하지만 먹을 것이 풍부해진 요즘은 아이 먼저 먹게 하거나, 맛있는 반찬을 아이에게 양보하는 가정도 많다. 교육이 사회적 신분을 좌우하는 새로운 사회에서 수천 년간 위로만 먼저 올라갔던 찬물 한 그릇이 이제 아래로 내려왔지만, 어른과 약자를 배려하는 기본 정신은 아직도 유효하다.

한국 사람은 만나면 왜 나이를 물어봐요?

너 몇 살이야? 한국에서 나이는 중요하다. 상대의 나이를 모르면 어떤 경어법을 써야 할지 호칭을 어떻게 붙여야 할지 알 수 없어 대화가 진전되지 않는다. 대학생들도 나이가 많고 적음에 따라 형, 누나, 오빠, 언니, 동생의 호칭을 정한다. 이런 호칭문화는 가족문화를 근간으로 만들어진 것이다. 외국인들은 한 가족도 아닌데 '형, 언니'라고 부르는 것이 이상하게 느껴질 수도 있다. 한국인은 단일민족으로 한 조상에서 나왔다. 기원전 2,333년 고조선을 건국한 단군왕검이 바로 한민족의 시조다. 그래서 시간을 거슬러 가면 한국 사람들은 모두 친척, 친족 그리고 가족이 되는 셈이다.

한국인과의 관계 설정에 있어서 개인적인 관계로 할 것인가, 사회적인 관계로 할 것인가에 따라 호칭은 달라진다. 개인적인 관계라면 가족적인 호칭을 써서 '형님–동생, 오빠–동생'와 같은 관계가 될 것이고, 직장이라면 당연히 직위에 따른 호칭을 써야 한다.

　한국인이 외국인에게 나이를 묻는다면, 그건 개인적인 관계를 맺고 싶다는 신호라고 해석할 수 있다.

윗사람에게 하면 안 되는 말이나 행동이 있어요?

　윗사람의 이름을 부르지 않는다. 경어법이 엄격하지 않은 나라에서는 윗사람이나 상사의 이름을 부르는 것이 예의에 어긋나는 행동이 아니다. 친구처럼 서로 믿고 도울 수 있는 관계를 위해 사업상의 모임이나 사적인 자리에서 자신의 이름을 불러줄 것을 부탁하는 외국인들도 있다. 그러나 한국인들은 가까운 친구가 아닌데 상대의 이름을 부르는 것은 무례한 행동이며 연장자의 이름은 절대로 부르지 않는다. 윗사람에게는 그분의 사회적 직위에 따라 성에 직함을 붙여 주는 것이 예의이다.

　윗사람에게 한 손으로 물건을 드리거나 한 손으로 받지 않는다. 친구나 아랫사람이 아니라면 모든 경우에 두 손으로 물건을 주고받아야 한다. 상대를 존중한다는 의미이므로 이를 무시하면 무례하다는 평가를 받을 수 있다.

　둘째손가락으로 사람을 가리키지 않는다. 한국인에게 손가락질은 그 자체가 모욕적인 행동이다.

미국인들은 상대방의 주목을 끌기 위해 흔히 손가락질을 한다. 그러나 이것은 한국에서는 상대를 비난할 때 하는 행동이다. 한국 고전역사서나 문학작품에서 '손가락질'이라는 단어와 인접한 단어들을 찾으면 항상 '비웃음', '창피', '침 뱉기', '업신여기다' 등 모욕과 관련한 단어들이 나온다. 매우 주의해야 한다.

어른 앞에서 다리를 꼬고 앉으면 안 된다. 다리 꼬기는 글로벌예절로 보아도 상사나 윗사람에게 적절하지 않다. 2008년 대선에서 승리한 오바마가 존 맥케인과 나란히 앉은 모습이 언론에 보도되었는데, 대통령 당선자인 오바마의 심하게 꼰 다리 각도와 정치적으로 한참 선배였던 맥케인의 소심한 다리 꼰 각도가 화제였다. 1987년에는 노태우 당시 민정당 대표가 레이건 미국 대통령을 만났을 때 다리를 꼬고 마주 앉은 것이 대국민홍보의 수단으로 쓰이기도 할 만큼 한국인들에게 다리를 꼰다는 것은 대등하다 또는 우월하다는 문화적 의미를 내포하고 있다.

윗사람 앞에서 껌을 씹으면서 대화해서는 안 된다. 한국에서는 어른이 부르시면 입 안에 있던 음식을 뱉어내고 '예'하고 대답하며 어른 앞으로 달려가야 한다는 예절 교육이 있었다. 이는 유교문화권에서 공통적으로 아이를 훈육하는 방법이었고, 아직도 중국의 대학 식당에는 이런 문장과 삽화가 벽에 걸려 있는 것을 종종 볼 수 있다. 씹고 있던 고기라도 뱉어야 할 판에 껌을 아끼랴.

식사 중에 밥그릇에 수저를 꽂는 행위는 앞에 있는 윗사람을 죽은 사람 취급하는 것이다. 일반적으로 식사할 때 수저는 국그릇 옆에 놓아야 하지만, 죽은 사람을 모시는 제사상에서는 밥그릇에 수저를 꽂아둔다.

또한 식사 도중에 함께 앉아 있는 사람들을 향해 코를 푸는 것도 무례한 행동이다. 〈숙종실록〉을 보면 신하들이 자리에서 가래를 뱉거나 코를 푼 행위에 대해서 "감히 부모 앞에서도 침을 뱉거나 콧물을 흘리지 않는 것"이라며 해당 인사에게 벌을 내리는 장면이 나온다. 이는 〈소학〉의 가르침을 환기시킨 것이었다. 흔히 '코흘리개'라고 하면 코를 흘리는 어린아이만 연상하는데, '예의를 아직 모르는 어린애'라는 뜻이 소학의 뜻에 부합할 듯하다. 그래서 한국인들은 남 앞에서 코를 푸는 것을 큰 실례로 생각한다.

윗사람과 함께 식사할 때의 예절을 알려 주세요

윗사람과 함께 식사를 해야 할 때는 아래와 같은 무례를 범하지 않도록 주의해야 한다.

· 윗사람일수록 따뜻한 아랫목이나 문에서 먼 쪽에 좌석을 배치 한다.

- 입구에서 가장 가까운 곳은 식사를 초대한 사람의 자리이다.
- 그 외의 좌석은 들어오는 순서대로 안쪽부터 앉아 다른 손님이 불편하지 않도록 한다.
- 등을 바르게 펴고 밥상에 단정한 자세로 앉는다.
- 식사의 시작은 가장 윗사람이나 나이가 많은 사람이 먼저 한다.
- 밥그릇이나 국그릇은 손에 들고 먹지 않는다.
- 음식이 입 속에 있을 때는 가능한 말하지 않는다.
- 국 국물은 숟가락으로 떠 먹고, 그릇째 마시지 않는다.
- 함께 먹는 반찬은 뒤적이지 말고 한 번에 집는다.
- 숟가락과 젓가락을 한꺼번에 들고 사용하지 않는다.
- 찌개는 공동 국자로 덜어서 먹는다.
- 생선뼈 등은 남의 눈에 띄지 않도록 국그릇이나 밥그릇 뒤에 놓는다.
- 다른 사람과 식사 속도를 맞춘다.
- 윗사람보다 먼저 식사가 끝났을 때에는 수저를 밥그릇이나 숭늉 그릇 위에 얹어 놓았다가, 윗사람의 식사가 끝난 후에 수저를 내려 놓는다.
- 숭늉은 그릇을 두 손으로 들고 마시며, 소리를 내지 않는다. 음식을 다 먹은 후에 수저를 오른쪽에 가지런히 놓는다.

젓가락 사용 예절

- 젓가락을 혀로 핥지 않는다.
- 젓가락으로 음식을 찌르지 않는다.

· 젓가락은 그릇 위에 걸쳐놓지 않고 밥상 위에 놓는다.

· 빈 젓가락으로 그릇 위를 왔다 갔다 하지 않는다.

· 젓가락에서 음식의 국물 등을 뚝뚝 떨어뜨리지 않게 주의한다.

<table>
<tr><td colspan="2" align="center">**학습 활동**</td></tr>
<tr>
<td>

한국생활에서 높임법을 사용해야 하는 다양한 상황의 대화

   ⊙ 할머니–학생 : 버스에서 할머니께 자리를 양보하
      는데 할머니가 괜찮다고 하시는 상황
   ⓒ 모르는 사람–학생 : 극장에서 모르는 사람에게 자
      리를 바꿔 달라고 부탁하는 상황
   ⓒ 외국인 후배–한국인 선배 : 나이 어린 외국인 후
      배가 반말만 해서 기분이 상한 한국인 선배가 한
      국의 높임말에 대해 알려 주는 상황
   ⓒ 자유 대화

① 학습자에게 상황을 이해시킨 후 2인 1조씩 정하도록 한다.
② 윗사람과의 대화에서는 한국 문화 상황과 윗사람에 대
   한 높임법이 적절한지 확인해 준다.
③ 대화가 완성되면 앞에 나와서 대화와 행동을 함께 해
   보도록 하고 교사는 피드백을 해 준다.

</td>
<td>

★ 역할극

✔ 짝활동

</td>
</tr>
</table>

한국과 자국의 예절의 차이 이야기하기	★ 이야기
① 각자 한국의 예절 문화에 대한 생각이나 구체적인 경험을 이야기한다. ② 한국과 자국의 예절 문화의 차이점에 대해 구체적으로 예를 들어 이야기한다. ③ 차이에 대한 자신의 생각을 정리해서 글로 써 본다.	★ 쓰기
	✔ 조별활동 ✔ 개인활동

제9강
백짓장도 맞들면 낫다
의례 문화

 마이클(대학 1년)이 궁금한 점 ─────────────

※ 한국 결혼식은 왜 그렇게 빨리 끝나요?
※ 장례식에는 무슨 옷을 입고 가야 해요?
※ 졸업식 때 왜 모두 꽃다발을 선물해요?

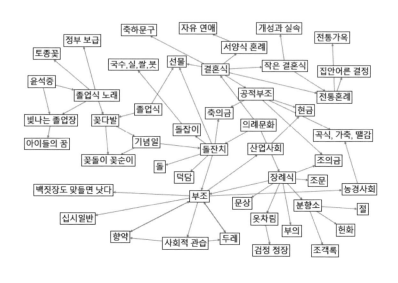

친구 결혼식에 가면 축의금을 얼마나 내야 해요?

2016년 한 취업포털이 직장인 1,600여 명을 대상으로 한 설문결과에 의하면, 결혼식 축의금으로 5만 원을 내는 사람이 60%로 가장 많았고, 이어 10만 원, 7만 원, 3만 원 순이었다. 한국에서는 축의금을 낼 때 2,4,6,8같은 숫자는 쓰지 않는다. 결혼식 후에는 식사를 하게 되는데 이때 식사비용이 보통 3만 원 정도인 것을 감안하면, 축의금 3만 원은 결혼식에 참석하여 축하해 준다는 데에 의미가 있고 그 이상으로 갈수록 부조(扶助)의 의미가 커진다.

결혼식에 내는 축의금은 자신도 결혼식으로 다른 사람들을 초대할 때 돌려받게 된다는 점에서 공적 부조의 기능도 있다. 축의금의 액수는 보통 친소 관계와 자신의 경제적 형편에 따라 결정된다. 유명 연예인들의 경우에는 몇 십만 원 이상을 축의금으로 내기도 하지만, 일반인들 사이에 몇 십만 원이나 몇 백만 원은 친인척이 아니면 하기가 쉽지 않다. 수십만 원에서 수백만 원의 축의금을 받으면 언젠가 다시 돌려주어야 하기 때문에 받은 사람 역시 부담이 되기는 마찬가지이기 때문이다. 그래서 축의금을 최소화하자는 운동도 한때 있었다.

축의금을 전할 때는 돈을 깨끗한 종이로 포장하여 봉투에 넣는데, 이때는 흰색의 겹봉투를 사용한다. 봉투의 앞면에는 축하문구를 쓰는데 신랑 측일 경우에는 '祝結婚'(축결혼)이라고 쓰고, 신부 측은 '祝婚姻'(축혼인)이라고 쓴다. '祝成婚'(축성혼)이나 '祝華婚'(축화혼)도 많이 쓰는 문구다. 뒷면에는 자신의 직장 등 소속이나 주소를 쓰고 줄을 바꾸어 이름을 적는다.

한국의 결혼식은 전문 결혼식장, 교회, 성당, 절, 각종 공공장소에서 이루어지며 서양식 혼례를 선호하는 경향이 있으나, 전통 혼례를 올리는 사람들도 있다. 보통 결혼식장 바로 입구에는 신랑 측과 신부 측의 접수대가 마련되어 있는데, 방명록에 자신의 이름을 적고 준비한

축의금을 내면 된다. 접수가 끝나면 식사를 할 수 있는 식권을 받고 결혼식장에 들어가면 된다.

친한 친구들의 경우에는 선물로 축의금을 대신하기도 한다. 신랑과 신부에게 필요한 가전제품이나 의류 같은 것을 여러 친구들이 돈을 모아 사 주기도 하는데 신랑 신부에게 특별한 기념이 된다는 장점이 있다.

전통 결혼식을 아직도 하나요?

한국인들은 전통적으로 치른 혼례를 '전통 혼례'라고 칭한다. '전통 혼례'는 자유연애가 허용되지 않았던 전통사회에서 각 집안의 어른들끼리 의논하여 정했다. 처음 결혼 문제를 두 집안이 논의하는 것부터 혼례의 절차로 간주된다. 전통 혼례는 서로 결혼 의사를 타진하는 의혼, 혼인 날짜를 정하는 납채, 예물을 보내는 납폐, 혼례식을 올리는 친영의 네 가지 의례로 이루어진다. 전통혼례가 절차가 매우 복잡하여 한문과 전통 예절을 잘 알지 못하는 현대인은 전문 전통혼례 업체에 결혼식을 위임하여 진행하는 것이 일반적이다(전통혼례가 치러지는 과정은 옆의 동영상을 참고하면 된다).

한국의 전통 혼례

서양의 자유 연애 사상이 들어오기 시작한 20세기 초부터 결혼 당사자의 의견이 존중되는 결혼이 주목받기 시작했다. 서양식 결혼이 한국에서 처음 치러진 것은 1890년 '예배당 결혼'이라고 한다. 그 이후 전통 혼례보다는 서양식 결혼이 혼인당사자의 의견 반영, 예식 비용이나 혼인 절차 측면에서 더 긍정적으로 인식되면서 전통 혼례를 치르는 가정이 줄어들기 시작했다.

서양식 결혼이 대세를 이루게 되면서 부작용도 생겼다. 점점 화려해지는 결혼식과 무리한 혼수 마련 그리고 축의금 부담 등에 대해 한국 정부는 허례허식을 줄이기 위한 정책을 폈지만 일생에 한 번뿐인 행사라는 생각에 아직도 많은 한국인들이 결혼식에 필요 이상의 돈을 쓰고 있다.

최근 정부가 주도하고 있는 새로운 결혼식 문화 사업은 '작은 결혼식'이다. 결혼식 비용을 아낄 수 있게 정부 소유의 강당이나 회의실을 저렴하게 결혼식장으로 대여하고, 결혼에 필요한 여러 가지 준비 과정에 대한 해결책을 제공하고 있다. 그 중 전통 혼례는 문화재급의 전통 가옥에서 저렴한 대여비로 진행할 수 있는 '작은 결혼식'의 하나로 인기가 높다. 전통 혼례에 필요한 혼례 장소와 식당, 전문 혼례 진행 업체, 의복 대여 업체들을 여성가족부가 관리하며 전통 혼례에 대해 복잡하고 어렵고 비용이 많이 들어간다는 기존의 인식을 바꾸어 놓고 있다. 2016년 현재 '작은 결혼식' 사업을 통해 이용할 수 있는 전통혼례식장은 전국에 15군데이며 그 이용률이 점점 높아지고 있다.

결혼의 의미는 타인의 시선보다는 당사자들의 행복한 삶에서 찾을 수 있다. 작지만 뜻 깊은 결혼식으로 변신하고 있는 '전통 혼례'는 고비용에 천편일률적이었던 결혼식에 개성과 실속을 함께 가져다 줄 것으로 기대된다.

한국의 학교 졸업식에는 꽃다발이 빠지지 않는다. 졸업식이 열리는 날이면 학교 앞은 새벽부터 꽃을 파는 노점들이 길가에 죽 늘어선다. 유치원부터 대학교까지 꽃다발을 받지 못하고 졸업하는 사람은 거의 없을 정도다. 한국인들은 꽃을 왜 그렇게 좋아하는가? 평상시 화훼 소비량은 서양에 비해 매우 낮은 편이지만, 어버이날, 스승의 날, 졸업식, 입학식에는 화훼 소비량이 급증하여 1년 매출의 약 30%를 차지한다고 한다. 꽃을 파는 상인들은 졸업가운이 어두운 색이라 꽃은 가능한 크고 화려해야 한다며 장삿속을 드러낸다. 예전에는 만년필을 선물하기도 했지만 지금은 꽃다발이 졸업 축하의 상징이 되었다. 꽃다발을 받아야 진정한 졸업 기분을 느낄 수 있다.

꽃다발로 졸업을 축하하게 된 것은 1946년 이후부터다. 그 이전에는 졸업장을 받는 것 자체가 큰 의미였다. 일제 강점기에 교육을 통해 나라에 힘을 보태려고 했던 젊은이들은 해외 유학이나 국내 전문학교를 졸업하는 것이 꿈이었다. 이광수의 〈무정〉을 비롯한 일제 강점기의 소설들에서는 주인공들이 졸업장을 얻기 위해 고군분투하는 장면이 자주 나온다. 그 당시 신문에는 졸업식에 대한 기사에 졸업자들 이름이 종종 나열되었다. 졸업 자체가 당대의 엘리트가 됨을 상징하는 것이었다. '빛나는 졸업장'이라고 할 만큼 졸업장은 사회적으로 인정을 받았었다.

1946년 당시 문교당국은 급하게 윤석중(1911~2003)이라는 작가를 찾아 해방 후 첫 졸업식에서 부를 졸업가의 가사를 부탁한다. 윤석중은 한과 눈물로 얼룩졌던 일제강점기에 어린이들에게 밝고 희망찬 동시를 지어 그의 많은 작품이 동요로 지어졌던 유명 작가다. 그가 작사한 〈졸업식 노래〉는 정부를 통해 빠르게 학교에 보급되었고 모든 졸업식에서 항상 불려졌다.

> 빛나는 졸업장을 타신 언니께 꽃다발을 한아름 선사합니다.
> 물려받은 책으로 공부를 하여 우리는 언니 뒤를 따르렵니다.
>
> 잘있거라 아우들아 정든 교실아 선생님 저희들은 물러갑니다.
> 부지런히 더 배우고 얼른 자라서 새 나라의 새 일꾼이 되겠습니다.
>
> 앞에서 끌어주고 뒤에서 밀며 우리나라 짊어지고 나갈 우리들
> 냇물이 바다에서 서로 만나듯 우리들도 이 다음에 다시 만나세

윤석중이 1절에 쓴 꽃다발은 현대의 꽃다발과는 다르다고 생각된다. 그 당시에는 화훼 산업이 발달하지 않았을 뿐더러 경제적으로도 궁핍한 시절이었다. 윤석중의 시 세계에서 꽃은 항상 고향과 연관된다. 그의 고향 집 마당에는 봉숭아와 채송화 등 한국의 토종꽃이 피어 있었다. 서울과 고향 서산을 자주 오가며 고향에 대한 그리움을 담은 〈고향땅〉이라는 시에는 다음과 같은 구절이 있다.

"우리 집 꽃밭 봉숭아랑 채송화랑 저녁때 피는 분꽃들 / 인제 오늘이 마지막이로구나 꽃밭에 물을 주기도 / 오래오래 피거라 우리 떠난 뒤라도 전이나 다름없이 / 잘 있거라 꽃들아 잘 있거라 꽃들아 너

를 두고 떠난다"

이 시에는 한국의 자생 꽃들이 아름답게 피어 있다. 윤석중이 생각했던 꽃다발, 졸업식에 후배들이 졸업생들에게 바치는 꽃다발은 산과 들에서 쉽게 모을 수 있는 들꽃다발이었던 것이다.

졸업식장에서는 항상 이 노래가 울려 퍼졌는데, 추운 봄날에 졸업식이 있는 한국에서 노래 가사처럼 실제로 꽃다발을 들고 축하할 수 있는 사람은 50~60년대에는 많지 않았다. 70년대에도 학교 졸업은 쉬운 일이 아니었다. 가정형편 때문에 중학교에 진학하지 못하는 여자 아이들이 많았고, 학교 졸업장은 여전히 많은 아이들의 꿈이었다. 학생들은 졸업 후 다시 만나기 어려운 친구들과 선생님 때문에 졸업식장은 항상 울음바다가 되었다. 그 당시 가난한 제자의 집을 매주 방문했던 선생님들은 졸업생들의 잊지 못할 은사였다. 그래서 꽃다발로 축하받을 수 있는 아이의 수는 적었다. 80년대 들어 한국 경제가 점점 좋아지면서 윤석중의 〈졸업식 노래〉 가사는 예언자의 말씀처럼 현실화되었다.

꽃은 한국 토종꽃이 아니었지만, 꽃장사의 말대로 화려하고 큰 꽃들을 품에 안고 컬러사진기로 찍혀 나온 졸업날 사진은 평생의 자랑이며 추억이 되었다. 90년대 중반부터는 '꽃돌이', '꽃순이'라는 말이 생겼는데 졸업식에 꽃을 들고 축하해 주는 젊은 남자나 여자를 가리키는 말이었다. 이제 대학 졸업장은 예전처럼 출세를 보장해 주는 '빛나는 졸업장'은 못 되지만, 여전히 졸업은 집안의 경사이고 개인적인 성취의 한 페이지를 장식한다. 꽃돌이·꽃순이가 품에 안겨 준 꽃다발은 졸업생들의 취업이나 결혼에 대한 걱정, 학우들과의 추억과 이별 등 여러 가지 감정들을 일순간에 화려한 그림으로 채색하며 졸업식의 정점을 찍는다. 한국 졸업식에 꽃다발이 없으면 안 되는 이유다.

장례식에 가면 어떻게 위로해요?

한국의 상례(喪禮)는 사람이 죽음에 이른 순간부터 시체를 매장해 묘지를 조성하고, 근친들이 그 죽음을 슬퍼하며 근신해 복을 입는 방법과 일정한 기간 동안 복을 다 입고 평상생활로 돌아갈 때까지의 모든 절차를 가리킨다. 이중 문상(問喪)과 조문(弔問)은 돌아가신 고인을 애도하고 남은 유족을 위로하는 절차다. 현대 한국의 장례식은 모두 3일에 마무리하기 때문에 부고를 받으면 가능한 빨리 장례식장에 가야 한다.

남성의 옷차림은 검정 정장을 입고 넥타이도 검정색으로 한다. 양복 정장이 없으면 화려하지 않고 수수한 느낌의 평상복을 입는다. 여성의 경우에는 액세서리를 하지 않고 화장도 진하게 하지 말아야 한다.

빈소에 도착하면 호상소에서 조객록에 이름을 쓰고 분향소로 향한다. 분향소 오른쪽에 서 있는 상제에게 목례를 한 다음, 고인의 영정 앞에 무릎을 꿇고 분향과 헌화를 한다. 향나무를 깎은 향일 경우에는 오른손으로 향을 집어 향로 위에 놓는데 이때 왼손으로 오른 손목을 받친다. 만수향처럼 긴 향은 한두 개를 집어서 촛불로 불을 붙인다

면 왼손으로 가볍게 흔들어 끈 후 향로에 꽂는다. 이때 입으로 불어서는 안 된다. 헌화는 오른손으로 줄기를 잡고 왼손으로 오른손을 받친 후 꽃봉우리가 영정을 향하도록 올려 놓아야 한다. 그리고 영정을 향해 정중히 두 번 절한다. 만약 종교적인 신념으로 절을 하는 것이 어려우면 영정을 향해 서서 고인을 위한 기도나 묵념으로 절을 대체하기도 한다. 일반적으로는 상가의 장례 문화를 따라 주는 것이 좋다.

영정 앞에서 물러나 상주에게 절을 하고 분향소에서 나오면 되는데, 이때 상주와 아는 사이라면 짧은 위로의 말을 하기도 한다. 나올 때는 두세 걸음 뒷걸음으로 나온 후 몸을 돌려야 한다. 부모의 상인 경우에는 "얼마나 망극하십니까", 아내 상인 경우에는 "얼마나 상심이 되십니까" 등 상황에 따른 여러 가지 인사말이 있으나, 요즘에는 아예 어떤 말도 하지 않는 것이 예의라고 생각하는 사람들이 많다.

문상이 끝나면 호상소에 조의금을 전달한다. 조의금 봉투에는 '근조(謹弔)', '조의(弔意)'라고 쓰는데, '부의(賻儀)'라 쓰는 것이 가장 일반적이다. 돈을 넣은 후에는 봉투를 접지 않으며 돈의 액수는 상을 당한 이와의 관계에 따라 정한다. 장례식장에서는 웃거나 떠들지 않으며 아는 사람을 만나더라도 악수하지 않고, 술을 마실 때에도 서로 따라 주지 않고 혼자 따라서 마시는 것이 예의다.

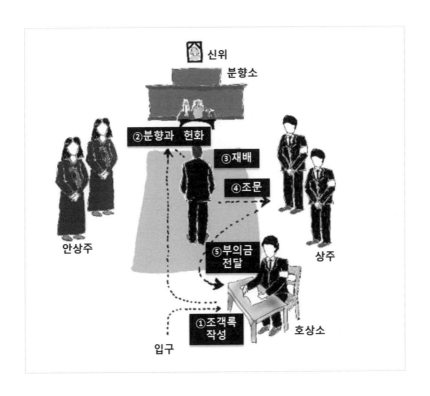

신위

분향소

②분향과 헌화

③재배

④조문

⑤부의금 전달

안상주

상주

①조객록 작성

입구

호상소

돌잔치에 갈 때는 무슨 선물을 준비해요?

　돌잔치는 어린아이가 출생한 지 만 1년이 되는 날에 친척과 이웃을 초대하여 축하하는 잔치다. '돌'이란 말은 '돌아온다는 뜻'(돌 회 : 回)으로 일 년을 단위로 돌아오는 것을 말한다. 의학이 발달하지 않았던 시기에는 생후 1년 내 유아 사망률이 높아서 이를 무사히 넘긴 것을 가족들이 축하하는 의미가 강했다. 돌잔치는 사람으로 태어나서 첫

번째로 큰 상을 받는 것으로 혼인과 회갑과 함께 가장 중요한 기념일
이었다.

　가족과 이웃끼리의 조촐한 잔치였던 돌잔치는 현대에 와서 결혼식
못지않은 부담이 되기도 한다. 남의 시선과 체면을 의식하여 대형
호텔에서 돌잔치를 하면, 장소 대여비, 돌상 비용, 아이의 한복이나
드레스 비용, 스튜디오 촬영비, 손님들의 식사비를 합치면 700만 원
에서 1000만 원까지 경비가 필요하다. 최근에는 돌잔치에 가족만 모
여 간단히 치르기도 한다. 소규모 한옥에서 돌잔치 서비스를 제공하
는 업체가 서울 북촌 한옥마을을 중심으로 생겨서 저렴한 비용으로
돌상을 마련해 주기도 한다.

전통적인 돌잡이 물건과 의미

기원하는 의미	돌잡이 용품
건강 기원 (무병 장수)	국수 – 삶은 국수를 식혀서 국물 없이 담아 놓는다. 실 – 무명실과 청홍타래실
재물 기원	쌀 – 아이가 먹을 수 있게 깨끗하게 씻어 올린다. 돼지저금통 – 아이가 받을 용돈을 미리 저금통에 넣어 놓는다. 현금 – 깨끗한 지폐를 이용한다.
문관 기원 (학문)	연필, 붓, 벼루, 먹, 종이
무관 기원 (무예, 운동 등)	활과 공, 운동화 등

돌잔치에는 돌잡이를 하는 풍속이 있는데 돌상에 붓, 벼루, 자, 실타래, 돈(엽전), 백설기, 수수떡 등 여러 물건 중 어느 하나를 잡으면 그것으로 아이의 미래를 가늠하는 것이다. 예를 들어 실타래를 잡으면 오래 살 것이고, 붓을 잡으면 공부를 잘할 것이며 돈을 잡으면 부자가 될 것이라는 식이다. 돌잡이를 미신이라고 보는 사람들도 있지만, 돌잡이는 아이가 어느 물건을 잡든지 항상 좋은 미래로 연결되기 때문에 길흉화복을 점치는 것과는 다르다. 요즘은 돌잡이 물건으로 청진기나 마우스, 골프공, 스마트폰이 올라오기도 해서 변화된 사회상을 반영한다.

1960년대까지는 돌잔치에 손님이 선물로 가져가는 물건은 쌀과 실타래였다. 이후 금반지, 금팔찌, 옷으로 바뀌었다가 금값이 비싸진 2000년대 이후에는 현금이나 옷, 유아용품을 선물하기도 한다. 그러나 아이와 부모에게 가장 필요한 것은 아이에 대한 덕담이다. 아이가 병 없이 건강하게 자라가기를 기원하고, 돌잡이에서 잡은 물건의 의미와 관련지어 밝고 희망찬 내용으로 축하하는 인사를 하는 것이 돌잔치의 진정한 의미일 것이다.

한국의 부조문화에 대해서 알려 주세요

부조(扶助)는 도울 부(扶), 도울 조(助)로 이루어진 단어다. 한자로 보면 부(扶)는 남자의 손을 그린 상형(像型)문자이고, 조(助)는 다른

이의 힘을 더했다는 회의(會意)문자이다. 그래서 부조는 내 힘이 부족할 때 도와주는 다른 이의 손을 연상시킨다. 부조는 두레나 향약 같은 인위적 제도가 아닌 전통사회에서 자생한 관습이었다. 마을에서 누군가가 집을 지을 때 일할 도구와 점심을 들고 가서 도와주는 것이나 농사를 짓지 않는 사람이나 과부·홀아비·노인만 사는 집의 지붕을 이을 때 짚단을 무료로 제공하거나 봉사하는 것을 부조라고 했다. 불난 집에 필요한 살림살이를 가져다 주고 같이 집을 세우는 것을 도와주는 것도 부조라고 했다. 장례식처럼 이웃의 도움이 필요할 때 관을 짜서 가져가거나 필요한 물건들을 가져다 주는 것이 현대 부조금의 원래 모습이다.

요즘은 남의 장례에 돈으로 부조를 하는데, 한국에서는 5만 원~10만 원 사이에서 가장 많이 하고 4, 6, 8같은 짝수로는 돈을 내지 않는다. 십시일반(十匙一飯)이라는 말처럼 여러 사람이 자기 밥그릇에서 한 숟갈씩만 덜어 주면 다른 한 사람에게 한 끼 식사를 제공할 수 있듯이 부조의 정신은 남의 어려움을 조건 없이 도와주는 것이다.

조건 없는 봉사에서 부담 가는 봉사로 바뀐 것은 부조의 내용이 현물에서 현금으로 바뀐 후부터다. 농경사회에서 부조로 제공된 곡식, 가축, 땔감, 천 등은 매년 농사와 노동으로 다시 만들면 되는 것이었다. 그러나 산업사회로 바뀌면서 현금은 그 자체가 노동의 대가였으며, 그것을 공여하는 것과 노동력으로 봉사하는 것은 분명 차이가 있었다. 또한 원래 부조는 장례 같은 흉사나 사회적 약자를 돕는 것이었는데, 현대 사회에서는 결혼식과 돌잔치, 회갑연 같은 경사에도 부조를 하게 되면서 부조는 일상화되고 부조를 하는 사람이나 받는 사람 모두 부담을 느끼게 되었다. 그래서 자신이 받은 만큼의 현금을 나중에 부조금으로 돌려주는 것이 관례가 되었다. 이것을 '백짓장도 맞들면 낫다'는 뜻으로 해석하여, 상부상조(相扶相助)라고 하는 사람도 있는데, 원래 부조는 쌍방향이 아닌 단방향이었다.

한국에서 결혼식이나 돌잔치를 한다면 당장 지출해야 하는 돈은 많지 않을 수 있다. 초대한 손님들이 부조금을 낼 것이고 그것으로 경비를 보태면 된다. 그 후에는 내가 초대했던 손님 수만큼 청첩장이 밀려들 것이다.

학습 활동

한국과 자국의 의례문화의 차이 발표하기

① 개인 또는 조별로 결혼식, 장례식, 돌잔치, 입학식, 졸업식 등 원하는 발표 주제를 선정한다.
② 주제의 한국과 자국의 차이에 대해 조사한다.
③ 사진과 내용을 정리해서 PPT로 발표한다.
④ 내용을 듣고 서로 질의응답 시간을 갖는다.

★ 조사
★ 발표

✔ 조별활동
✔ 개인활동

한국의 다양한 의례 상황에서 발생하는 대화	★ 역할극
㉠ 아기 부모-손님 : 돌잔치에 가서 아기 부모에게 선물을 전달하고, 아기의 돌잡이를 보면서 손님이 질문 또는 칭찬하는 상황 ㉡ 상주-조문객 : 장례식에 조문을 가서 상주와 절하고 인사하는 상황 ㉢ 결혼식 참여자 : 신랑, 신부, 신랑 신부의 부모, 주례, 사회자, 하객 등 반 전체가 담당을 정하고 돌아가면서 결혼식 참여자 역할을 해 보는 상황	✔ 조별활동 ✔ 전체활동
① 모든 역할을 종이에 하나씩 써 놓고 제비뽑기를 해서 모든 학생들이 어떤 역할이든지 돌아가면서 다 할 수 있게 한다. ② 역할이 정해지면 상황별로 모여 대화를 만들고 연습한다. ③ 한국 의례 상황과 언어, 행동 예절에 적절한지 교사는 피드백을 한다. ④ 실감 나고 재미있는 연기를 한 학생을 투표로 선정해 우수 연기상을 시상한다.	

제10강
죽더라도 忠, 죽어서도 孝, 끈적끈적 情
정신 문화

📖 마이클(대학 4년)이 궁금한 점 ─────────────────

> ※ 남자들은 군대에 갔다 와야 남자가 되나요?
> ※ 아버지를 위해 바다에 뛰어들었다고요?
> ※ 왜 식당에서 이모를 찾아요?

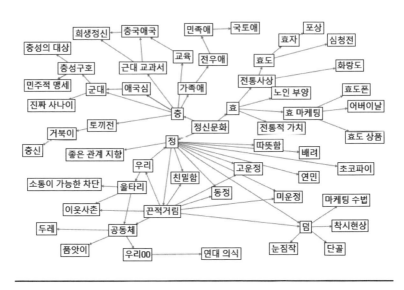

'충성!'이라는 구호가 의미하는 것은 무엇인가요?

"나는 자랑스런 태극기 앞에 조국과 민족의 무궁한 영광을 위하여 몸과 마음을 바쳐 충성을 다할 것을 굳게 다짐합니다." 국기에 대한 경례를 할 때 다 같이 외치는 말이다. 1972년에 제정된 이 맹세는 당시 국가가 국민들에게 요구했던 충성(忠誠)의 의미를 담고 있다. 2007년에는 "자유롭고 정의로운 대한민국의 무궁한 영광을 위하여"로 개정되었다. 국가에 대한 절대적인 충성을 요구하는 '몸과 마음을 바쳐'가 빠지고, '조국과 민족' 대신 '자유롭고 정의로운 대한민국'으로 충성의 대상이 특정(特定)되었다. '절대적이고 무조건적인 충성'에서 '자유와 정의를 전제로 한 충성'으로 '기계적인 맹세'를 '민주적 맹세'로 바꾸었다.

국가에 대한 충성을 교육으로 끌어내려 했던 것은 매우 오랜 전통을 가지고 있다. 을사조약(乙巳條約)으로 외교권이 일본에게 박탈되었던 1905년부터 한일합방(韓日合邦)이 되는 1910년까지의 시기를 '애국계몽운동기'라고 하는데, 이 시기에 학교가 설립되고 애국심 고취를 위한 교육이 이루어졌다. 당시 교과서의 내용에는 '애국심'과 '충군애국(忠君愛國)' 그리고 '희생정신'에 관한 이야기들이 실려 있었다. 나라를 사랑하고 임금에게 충성한다는 봉건국가의 충성관을 그대로 담고 있어 충성심이 당시 고종황제를 향해야 함을 분명히 하였다. 봉건국가의 주인은 왕이었고, 충성의 대상은 나라가 아닌 왕이었다. 왕이 외국과 연합군을 결성하여 얻은 민족의 영토를 이민족과 나눌 때에도 백성들의 충성은 변함이 없는 것이어야 했다. 또한 국왕이 자신들을 오랑캐의 침입으로부터 지켜줄 것이라 기대했던 한양의 백성을 버리고 멀리 강화도로 도망쳤을 때에도 충성의 대상은 여전히 왕이었다.

고전소설 〈토끼전〉에는 용왕의 약을 구하기 위해 목숨을 걸고 뭍에 오른 거북이가 등장한다. 토끼를 속여 바다 밑으로 데려왔으나 무능한 왕과 관리들이 토끼에게 속아 다시 토끼를 뭍에 데려다 주어야 했을 때 거북이의 답답함은 이루 말할 수 없었다. 간을 배 밖에 놓고 다니는 동물이 어디 있냐는 비아냥과 함께, 토끼가 동글동글한 자기 똥을 던져 주며 용왕에게 약이라고 가져다 주라고 모욕하자 거북이는 바위에 머리를 박고 자결하려고 한다. 그야말로 조선의 임금이 바라던 이상적인 충신 캐릭터다.

18세기 사상가 몽테스키외(Montesquieu, 1689-1755)가 애국심을 '공화주의적 헌법'에만 향하게 하고, 독일의 피히테(J.G.Fichte, 1762-1814)가 애국심을 '민족'에 향하게 했을 시기에 조선은 여전히 충성의 대상이 '국왕'이었다. 그 후 한국은 일제강점기와 한국전쟁을 거치며 애국심이 시험당하고 검증되는 시련을 겪었다. 국가에 대한 충성은 많은 사람들의 희생으로 지켜졌으며, 애국은 한국민이 자주민으로 살아남을 수 있는 유일한 방법이었다. 수십 년 간의 고난의 시간이 교과서에서 가르치지 못한 애국의 진정한 의미를 한국인들 개개인의 삶과 역사에 아로새겨졌다.

군인들이 경례를 할 때 구호로 붙이는 '충성'이라는 말은 여러 겹의 나이테를 가졌다. 국가를 위한 희생은 물론이고 상관의 명령에 대한 복종 그리고 의무로서의 군역을 '충성'이라는 한 마디에 담았다. 지금은 병영 체험 TV 프로그램의 제목이기도 한 〈진짜 사나이〉란 군가는 1962년 유호가 작사한 것인데 아직도 군대에서 가장 많이 불린다.

사나이로 태어나서 할 일도 많다만 / 너와 나 나라 지키는 영광에 살았다
전투와 전투 속에 맺어 진 전우야 / 산봉우리에 해 뜨고 해가 질 적에
부모형제 나를 믿고 단잠을 이룬다

충성의 대상은 국가이며 충성의 이유는 부모형제의 안녕이다. 식민과 전쟁의 아픔이 일깨워 준 애국심의 방향이다. 애국심은 가족애에서 전우애, 민족애, 국토애로 확장되며 전체를 아우르는 '국가'와 '개인'의 운명을 "충성~" 한 마디에 일치시켰다. 남북 분단의 상황이 지속되고 있는 상황에서 한국인은 애국의 방향을 '민족'으로 향할 것인가, '대한민국'으로 향할 것인가 다시 한 번 시험대에 올라있다. 남북한이 모두 하나의 애국심을 가질 수 있는 평화로운 날을 그리며, 아직도 국군 장병들은 국가에 충성을 다하고 있다.

효도폰이 뭐예요?

'효(孝)'는 동양적 사고로서 한국 전통 사상을 대표한다. 효는 유교 문화권에서는 사회적 규범과 도덕으로 자리 잡았는데, 사실 유교보다 더 오랜 뿌리를 가지고 있다. 효(孝)라는 한자를 파자(破字)해 보면 아이(子)가 노인(耂)을 업고 있는 모습이다. 고대 상형문자를 그대로 이어 받은 이 글자는 효의 기원이 얼마나 오래됐는지를 알 수 있게 한다.

효도(孝道)의 '도(道)'는 이치나 도리, 사상을 나타내는 말로서 어버이를 섬기는 선천적인 행위를 사상의 경지로 끌어올린 것이 '효도'라는 말이다. 신라시대의 화랑도(花郎道)에는 '사친이효(事親以孝)'라고 하여 어버이에게 효를 다할 것을 가르쳤고, 신라 흥덕왕 때 손순이라

는 사람이 아이가 부모님의 밥을 자꾸 **뺏어먹어** 산에 묻으려고 하다
가 신기한 종을 얻어 결국 그 가족에게 왕이 상을 내렸다는 이야기도
있다. 부모님께 효도를 위해 자식을 땅에 묻는다는 것은 비인간적이
지만, 영양실조로 돌아가시게 된 부모를 살리려는 효심이 이야기의
주제다. 효자에 대한 국가의 포상은 고려와 조선시대에도 지속적으로
이어져 재물로 보상하거나 벼슬을 주는 방식으로 효행을 기렸다. 또
한 고려시대부터는 노인들을 위로 하는 잔치를 국가 차원에서 실시하
기 시작했고 조선조에는『삼강행실도(三綱行實圖)』,『격몽요결(擊蒙
要訣)』등 효를 교육하는 교재를 만들어 보급했다.

효도의 끝장판은 역시 소설 〈심청전〉이다. 맹인인 홀아버지의 눈
을 뜰 수 있게 해 주겠다는 스님의 말을 믿고, 딸 심청이는 쌀 300석에
스스로 자신을 팔아 뱃사람들의 해신제(海神祭)의 제물이 된다. 인당
수에 몸을 던졌던 심청은 용왕의 도움으로 다시 육지에 올라와 왕을
만나 왕후가 되고, 왕후인 심청이는 전국의 맹인들을 위로하는 잔치
를 열어 아버지를 만난다. 심청이의 간절한 효심에 드디어 아버지는

눈을 뜨게 된다는 이 소설은 미
국 디즈니사가 동양의 효를 주제
로 한 애니메이션을 제작할 때에
후보로 올라간 적이 있다. 최종
적으로는 중국 남북조시대를 배
경으로 아버지를 대신해서 군인
이 되었던 화목란(花木蘭)의 효
행이야기가 1998년 〈Mulan〉으

로 제작되었다. 〈심청전〉이 선정되지 못한 이유는 효를 위해 자신의 몸을 팔고 목숨을 버리는 행위가 아이들에게 잘못된 가치를 전달할 수 있다는 우려 때문인 것으로 전해진다. 한국의 전통적인 효 사상은 외국인들이 상상하지 못할 정도로 강했으며 국가는 효행을 사회적인 제도로 고착화했다. 효행을 실천한 사람에게 포상하는 제도는 대한제국과 일제강점기에도 이어졌는데, 그 당시에 발간되었던 《대한매일신보》에는 매년 효행을 포상하는 공고가 게재되었다.

효가 마케팅에 이용되는 것은 감성마케팅이 시작된 90년대부터다. 매장에 방문하는 중년 손님들에게는 '아버님, 어머님'이라고 호칭하며 커피를 대접하는 등 고객들의 마음을 잡아야 마케팅에 성공한다고 생각하면서 각종 효도 상품들이 등장했다. 특히 한국에는 5월 8일이 어버이날로 지정되어 있어 이 날은 전 가족이 아버지, 어머니께 선물과 식사를 대접한다. 용돈이 부족한 청소년들은 카네이션 한 송이를 부모님 가슴에 달아드리며 축하하는 것으로 충분하다. 휴대전화가 보편화되면서 효도폰이라는 이름으로 노인 전용 휴대전화가 출시되었다. 사용 요금을 저렴하게 하고 휴대전화도 저가폰으로 구성하면서 아직도 인기리에 노인 세대에게 팔리고 있다.

효도폰은 그 효도의 주체가 누구인가가 모호하다. 노인 스스로가 효도폰을 사고 매달 통신료를 내더라도 효도폰을 쓰고 있는 것이니, 휴대전화의 이름과 실상이 맞지 않는 경우도 있다. 휴대폰을 싸게 공급하는 통신사인지, 휴대폰을 선물로 사 드리는 자녀들인지 명확하지는 않지만 효도폰을 쓰면 매달 내는 통신료가 저렴한 것만은 분명하다.

노인 세대가 점점 많아지고 젊은 세대의 인구 수가 늘지 않으면서 2005년에는 생산가능인구 7.9명당 노인 1명을 부양해야 했지만 2030년에는 2.7명이 부양해야 한다고 한다. 한자 '효(孝)'에서 노인(耂)을 업고 있는 젊은이(子)의 모습이 더욱 힘겨워 보인다. 경제논리도 중요하지만 노인을 문제가 아닌 가치로 보는 관점의 전환도 필요한 상황이다. 아프리카의 지성이라고 불리는 아마두 함파테 바(Amadou Hampate Ba)는 1962년 유네스코 연설에서 '노인 한 명이 숨을 거두는 것은 도서관 하나가 불타는 것과 같다'고 했다. 전통사회의 노인의 가치는 그랬다. 하지만 그 가치를 애써 노인이 가진 그 무언가로 찾을 필요는 없을 것 같다. 노인이 아닌 '우리 부모'로 보는 관점으로 바꾸고 전통적 가치인 효를 실천하면 될 일이다.

초코파이가 왜 '情' 인가요?

이것도 하고 싶고 저것도 하고 싶은데 어쩔 수 없이 어느 것 하나만을 선택해야 할 때의 감정을 나타내는 말이 있을까? '진퇴양난(進退兩難)'이나 '딜레마(dilemma)'를 떠올리겠지만 뜻이 딱 들어맞지도 않고, 감정을 나타내는 형용사도 아니다. '답답하다'나 '어쩔 줄 모르다'는 어떨까? 그 역시 마찬가지로 '이거다' 싶은 마음이 안 든다. 이렇게 현상은 있는데 단어가 없을 때, 신조어의 필요성이 생긴다. '짬짜하다'로 표현하면 어떨까? 짬뽕도 먹고 싶고 짜장면도 먹고 싶은데 하나만

골라야 할 때를 한국인이면 누구나 경험해 봤을 것이다. 오늘 축구 결승전을 보러 경기장 티켓을 구입해 놓았는데, 여자 친구가 100일 기념일이라며 파티를 하자고 할 때, 그 축구광인 남자의 마음은 정말 '짬짜하지' 않을까? 외국인들이 경험하며 알게 되는 한국인의 '정' 개념은 그들의 언어에는 존재하지 않아 번역이 어려운 신조어와 비슷하다.

한국인의 '정(情)'은 오랫동안 한국인들의 인간관계와 특성을 대변하는 단어이지만, '정(情)'의 사전적 의미만으로는 설명되지 않는 부분이 많다. 한자로 보면 '기쁨, 화남, 슬픔, 즐거움, 사랑함, 싫어함과 욕심(喜怒哀樂愛惡慾)'을 통합하여 '칠정(七情)'이라고 하고, 국어사전에서는 '느끼어 일어나는 마음, 사랑이나 친근감을 느끼는 마음'을 '정'이라고 했는데, 한국 문화 속의 '정'은 이것과는 다른 특성을 가진다.

사람과 사람 간의 관계는 '거래, 협업, 경쟁, 대결, 거주, 출생' 등 여러 가지 만남으로부터 시작된다. 한국 드라마에서 재벌 아들과 가난한 여주인공의 만남이 지속될 수 있는 것은 이성적이고 합리적인 판단이나 어떤 물질적 계산 때문이 아니다. 그들의 만남에서 한국 시청자들이 기대하는 것은 '정'이다. '연민, 동정, 공감, 친밀함, 고마움, 따뜻함, 호혜, 자비' 같은 단어가 '정'의 구체적인 실현을 나타낸다. 합리성이나 공정성보다는 가족처럼 '우리'라는 의식으로 서로 잘 대해주고 아껴주는 '고운 정'과 상대와 다투고 서운해하고 화해하는 과정에서 형성된 '미운 정'이 드라마의 결론을 해피엔딩으로 끝나게 한다. 한국 속담처럼 '고운 정 미운 정'이 든 것이다.

한국인의 정 문화는 관계성을 전제로 한다. 한번 맺어진 '우리'라는 관계성은 서로에게 가족처럼 친근하게 대하게 하고 편안함과 신뢰감, 유대감, 소속감을 느끼게 하지만 한편으로는 상대의 요구를 거부할 수 없게 되고 심지어 상대를 위해 약간의 희생도 감수해야 한다. 합리적이라고 할 수 없다. '우리'라는 공동체에서 차가운 '합리성'과 '이성'을 주장하게 되면 결국은 공통체가 깨지고 만다고 생각한다. 그보다는 사람이 항상 우위에 있는 것이 정 문화다.

음식점에서 이미 제공한 반찬 외에 추가로 반찬을 요구한다면 다른 나라에서는 당연히 추가 요금이 발생하지만, 한국에서는 주인이 손해를 감수하고라도 반찬을 내 준다. 손님과의 좋은 관계, 손님이 식사를 제대로 하는 것이 돈보다 더 중요하다고 생각하기 때문이다. 상대에게 피해를 주지 않으려는 배려심보다는 상대의 입장에서 생각하고 행동하는 것이 '정'인데, 문제는 이런 정을 나와 다른 사람이 서로 베풀어 줄 것이라고 기대하는 행동들이다. 노인 세대들은 식당에서 아이들이 시끄럽게 테이블 사이를 뛰어다녀도 귀엽게 보고 참아준다. 내 손자나 손녀도 마찬가지라고 생각하는 것이다. 길에서 지나가다 어깨를 부딪쳐도 서로 미안해하지 않고 사과하지 않는다. 그 정도는 서로 참아줄 것이라고 기대하는 행동이다. 도서관에 온 학생이 학생증을 집에 두고 와서 들어가지 못하고 관리인 아저씨에게 들어가서 공부하게 해 달라고 부탁할 때, 한국인들은 학생을 도울 방법을 찾아 들여보내려고 애쓴다. 도서관에 들어 온 학생은 이제 관리인 아저씨가 삼촌 같고 도서관은 자기 방처럼 편안하고 아늑하다고 느끼며 우리 학교 관리인은 정이 많은 사람이라고 생각한다.

'정'을 주면 특별한 사람이 된다. 생텍쥐페리의 〈어린 왕자〉에 나오는 왕자와 여우의 관계가 그렇다. '당신이 나를 길들인다면 … 당신은 나에게 있어서 이 세상의 단 하나의 유일한 존재가 될 것'이라고 말하는 여우는 어린 왕자에게 특별한 존재다. 어린 왕자와 한국인이 다른 점은 어린 왕자의 여우는 '서로 길들일 시간이 충분히 필요'하다는 전제가 있지만, 한국인은 낯선 사람도 어떤 환경 속에서는 특별한 존재인 양 대한다는 것이다. '관계맺음'과 '지속' 그리고 '서로에 대한 배려와 이해'라는 인과적 순서를 파괴하고, '상대에 대한 배려와 이해'를 선행시킨다. 상대에 대해 '이 잡듯이' 면밀히 검토한 후에 관계를 맺는 방식에 대해 한국인들은 계산적이며 비인간적이라고 생각한다.

예전에는 버스나 지하철에 앉아 있는 사람 앞에 무거운 가방을 든 사람이 서면 대개 그 가방을 끌어당기며 자신의 무릎에 놓아 서 있는 수고를 덜게 하는 것이 일반적이었다. '가방 이리 주세요' 라는 말을 들으면 학생들은 무거운 책가방을 아저씨나 아주머니의 무릎에 올리며 고마워했다. '공부 열심히 해라. / 학교 가니? / 어느 학교 다녀? / 힘들지 않아?' 등 마치 엄마나 아빠처럼 몇 마디 하기도 했다. 그런 것이 한국인들이 가진 '정'이었다. 가방을 끌어다가 들어주고 자꾸 말을 거는 것을 요즘 사람들은 '끈적거린다'는 느낌을 받을 수도 있지만, 그런 끈적거림과 오지랖이 한국인의 '정'이었다. 그런 아저씨와 길에서 어깨를 부딪친다면, 한국 학생의 머릿속에는 '이 분이 언젠가 나의 가방을 맡아줄 잠재적인 조력자'이거나

'학생증이 없이도 도서관에 들어가게 할 누군가'일 가능성을 생각하지 않을 수 없다. 어깨가 그다지 아프지 않을 정도라면 그냥 지나가는 것이 이해하고 이해받는 정을 헤아리는 방식이다.

'배려'가 지나치면 '관계 맺기'가 쉽지 않다. 현재 한국 지하철에서 책가방을 들어주는 문화는 사라졌다. 남의 가방에 손을 대며 끌어당기는 것을 상대가 불편하게 생각할 수 있다는 '배려' 때문이다. 서로의 공간을 침범하지 않으려는 매너는 좋아졌지만, 감히 서 있는 사람의 무거운 가방을 들어줄 마음을 실천에 옮길 사람은 사라져 가고 있다.

제과회사 오리온에서 초코파이를 생산한 것은 1974년이었다. 1989년에는 다른 초코파이 생산업체와의 차별화 전략으로 낱개로 100원씩에 파는 것을 금지하고 박스포장으로만 판매하도록 하면서 '情'(정)이라는 말을 붙였는데 그것이 한국인 소비자들의 마음을 움직였다. 12개를 한꺼번에 사야 하는 '부담'을 나누어 먹는 '정'으로 포장한 것이다. 초코파이의 '情'이 한국인의 정 문화를 제대로 설명해 줄 수는 없지만, 자기 혼자의 입만 생각하지 않고 주위 사람에게 같이 먹으라고 권하는 한국의 정 문화를 시험해 볼 수 있다. 초코파이를 나눔으로써 정을 나눌 수 있는 사람을 사귈 수 있다면 초코파이는 제 이름 값을 제대로 하고도 남음이 있다.

초코파이

한국인들에게 가장 대표적인 반찬은 콩나물이다. 싸고 건강에 좋고 아삭거리는 식감 때문에 오래전부터 식탁에 올랐다. 대형 마트가 없고 동네 가게나 골목 시장에서 찬거리를 마련해야 했던 80년대까지는 콩나물을 살 때마다 좀 더 담아 달라는 아줌마들이 많았다. 당시에는 저울로 달지 않고 100원어치 하는 식으로 어림잡아 야채의 부피를 결정했기 때문에 손이 큰 장사꾼은 손해를 보기 마련이고, 눈짐작이 안 되는 손님은 그러려니 하고 주는 대로 받아야 했다. 콩나물 값은 그대로 100원인데 양을 기준보다 더 담아주는 것이 '덤'이다. 서양식으로는 '+α'라는 뜻이다.

찬거리를 사는 아줌마들은 덤을 잘 주는 집을 기억해 두었다가 단골로 삼아 부족한 장바구니를 조금이라도 더 채우려고 했다. 콩나물뿐만이 아니다. 다른 과일이나 야채, 과일, 곡식, 빵, 과자 등 덤을 주지 않고 장사하는 곳은 별로 없었다. 90년대 이후 정량, 정가의 물건을 대량으로 파는 마트가 전통시장과 동네 가게를 대체했지만 덤 문화는 새로운 마케팅 수법으로 진화하며 여전히 존재한다. 마트에서 시식 행사는 돈을 내지 않고 여러 제품들을 맛볼 수 있는 자리다. 이런 행사에는 기획 상품이라고 하여 기존의 분량보다 더 많은 상품을 동일 가격으로 판매하여 덤을 주거나, 아예 '1+1'이라고 해서 하나를 덤으로 주는 행사까지 있다. 몇 개의 아이템만 덤 행사를 해도 마트 전체의 상품이 저렴하게 보이는 착시 현상 때문에 매출은 오르고, 소비자는 소비자대로 알뜰 구매를 했다고 생각한다. 한국에 들어온 미국 창고형 마트 코스트코에서는 애초에 회원제로 판매전략을 세우고 미국과 동일한 조건으로 장사를 했기 때문에 시식 행사가 없었다. 그러나 한국의 토종 대형마트가 외국 대형마트를 밀어내고 시장을 장악하게 되면서 시식과 덤 행사를 하지 않을 수 없게 되었다. 중국에 진출했던 이마트 역시 덤 행사를 통해 매출을 올렸었다. 덕분에 한국식 마케팅은 중국 마트에도 도입되어 이제 '1+1 행사(賣一送一)'는 중국 마트에서 일상화되었다.

전통시장에서 '덤'은 원래는 주지 않는 것이지만 당신에게는 특별히 더 준다는 의미가 강하다. 장사꾼은 특별한 관계가 된 손님을 단골로 삼으려 하고 손님은 더 싸게 물건을 얻으려는 양자의 이익이 맞아떨어진다. 대학의 학생 식당에서는 학생들이 밥을 먹고 모자라면 돈을 더 내지도 않으면서 '더 주세요'라고 한다. 직장인들도 식당에서 '이모, 여기 김치 좀 더 주세요'라고 한다. 그렇게 더 주고 더 받는 것이 한국인의 '정'이고 마케팅 전략이며, 조상들이 살아온 삶의 방식이었다.

한국인들의 '우리'는 어디까지가 '우리'인가요?

'우리'라는 말은 '울타리'의 '울'에서 나왔다. '우리 집'이나 '우리나라'처럼 공동체임을 강조하는 말이다. 울타리는 나와 남을 차단하는 경계이며, 외부인에게 자신의 영역을 알리는 표시이다. 한국인들이 '우리'에 집착하면 외국인들을 그 사이에 들어가기가 힘들게 느껴진다.

　한국의 전통 가옥은 울타리를 안과 밖의 경계로 삼는데 서양의 성(城)이나 중국의 전통 가옥인 사합원(四合院)처럼 외벽을 높게 만든 것이 아니고, 초가집은 싸리나무로 기와집은 기와를 얹은 벽돌담으로 울타리를 만들어서 지나가는 사람들이 안을 들여다 볼 수 있을 정도로 야트막하다. 지나가던 이웃 사람이 울타리 위로 머리를 내밀며 말을 건넬 수도 있고, 집 앞을 지나가는 동네 어른을 보고 뛰어나가 문안을 여쭐 수도 있다. 차단이 된 듯하지만 소통이 가능한 차단이다. '우리'와 또 다른 '우리'가 서로 소통하고 연대할 수 있는 여지가 있어 마치 '레고 블록(lego block)' 같은 기능이 있다. 외벽이 높아 마치 벽돌처럼 인위적인 접착제가 없으면 연대할 수 없는 외국의 가옥과 달리, 담이 낮아 지속적인 소통이 가능하여 우리 집 부엌 형편까지 다 아는 '이웃사촌'이 생긴다.

'우리'가 레고 블록처럼 작동하는 예는 한국 전통사회에서의 '품앗이'나 '두레' 문화에서 찾을 수 있다. '품앗이'는 개인 대 개인의 관계에서 상대의 일을 함께 하는 것인데, 오늘은 상대방의 일을 도와주고 내일은 상대방이 나의 일을 돕는 방식이다. '두레'는 마을 단위로 공동 경작하는 조직을 만든 것으로 모내기와 같이 개인의 힘으로 짧은 시간에 하기 힘든 일을 조직적으로 한다. '나의 일'과 '남의 일'을 구분하지 않고 '우리의 일'로 전환시킨다. 도시에서도 김치를 마트에서 사먹지 않고 직접 가을 김장을 하던 시절에는 이웃들과 품앗이로 김장을 하루 만에 해치웠다. 당연히 그날 만든 김치는 이웃에게 맛보기로 나누는 것이 관습이었다.

'우리'의 경계는 '우리 집, 우리 동네'에서 확장하여, '우리 학교, 우리 동아리, 우리 지역, 우리 회사, 우리 민족, 우리나라'로 공간적인 영역을 넓히기도 하고, '우리 아빠', '우리 남편', '우리 부장님', '우리 집', '우리 고양이'처럼 총체적 호칭으로 사용되기도 한다. '나'를 정의하는 것은 '우리'라는 공동체라고 생각하기 때문에, '나'의 아빠, '나'의 남편이 아니라 '우리' 아빠, '우리' 남편이 된다. 정말 비객관적 표현 방식이다.

자신을 객관화시켜 표현하는 말투가 있다. 자신에 대해서 말할 때, 주어를 자기 이름으로 하는 것이다. '시형이는 이런 맛 싫어해!, 시형이는 엄마가 제일 좋아!'하는 식인데, 자기중심적인 유아기의 언어다. 자기를 객관화시켜 주어로 사용하는 방식은 마치 한 명의 사람을 '현재의 화자'와 '대화 내용의 주체'로 분열시켜 듣는 사람으로 하여금 내가 둘 중 누구와 대화하는 것인지 헷갈리게 만든다. 이런 특성을 자기 PR에 잘 이용했던 미국의 레슬러가 있다. 90년대에 WWE(World Wrestling Entertainment)에 등장한 '더 락(The Rock)'이라는 흑인 레슬러는 자신을 말할 때마다 항상 'I' 대신 'The Rock'을 주어로 사용하여 '락은 당신이 락에 대해 어떻게 생각하는지 알고 있어'와 같이 자신을 객체인 양 표현하는 말투로 큰 인기를 얻었다. 웃긴다고 생각하는 사람들이 많았다. 아무도 그런 식으로 자신을 표현하지는 않으니까.

더 락의 말투와 정반대편에 있는 것이 '나'를 명확하게 드러내지 않는 한국인의 '우리 ○○'다. '우리 아내'라는 표현은 일처다부(一妻多夫)를 뜻하지 않는다. 그저 '나'의 남편이라는 뜻이다. 두 여성이 카페에 앉아 이야기를 나눈다. "우리 남편이 어제 술 먹고 늦게 들어왔는데, 내가 술값은 누가 냈냐고 하니까 친구가 다 냈다고 하더라고, 그거 거짓말 아닌가 몰라…" 앞 자리의 여성이 대답한다. "그거 거짓말 아니야!", "뭐라고? 네가 우리 남편이 거짓말을 안 했는지 어떻게 알아?", "음~, 네 남편과 술 마신 친구가 우리 남편이니까 그렇지." 카페에 앉아 친구와 대화하면서도 말하는 방식은 각자의 울타리 속에 앉아 자기 울타리 안에 있는 누군가를 지칭한다. 담이 낮은 울타리들이 서로 경계가 겹쳐지며 여러 방향의 '우리'를 남발하지만 이를 헷갈려하는 한국인은 없다.

내가 편안하게 안주하는 공동체가 없으면 '우리 ○○'라는 표현은 쓸 수가 없다. '우리 ○○'로 지칭되는 대상은 자신과 긍정적인 유대를 맺고 있다. 만약 부정적이거나 적대적인 관계라면 '우리'라는 말을 쓰지 않고 '그 자식, 그 놈'이라고 하거나, 어떤 정신적·정서적 연대도 이루고 있지 않다면 그냥 '○○○씨'라고 말한다.

　'우리'라는 말이 어디까지를 '우리'로 하느냐는 말하는 사람의 연대 의식에 달려 있다. 오늘 막 입학한 학교도 '우리 학교'가 될 수 있고, 오늘 투숙한 호텔도 '우리 호텔'이 될 수 있다. 만약 호텔이 마음에 들지 않는다면 '이 호텔'로 불릴 것이다. '우리'에는 대상과의 연대 의식 정보가 숨어 있다. 한국인의 연대 의식은 한국인이 쓰는 지칭어에 '우리 ○○'라는 방식으로 코딩되어 있는 것이다. 제대로 디코딩(decoding)할 수 있는 외국인이라면, '우리'가 될 자격이 있다.

┌───┐
│   **학습 활동**   │
└───┘

토론하기 　　㉠ 인당수에 뛰어 든 효녀 심청 　　㉡ 부모에게 간을 이식한 자식 　　㉢ IMF 때 금모으기 운동을 한 한국 사람들 ① 교사는 각 주제에 대하여 충분히 설명을 해 준다. ② 교사는 학생들에게 토론 형식에 대해 이해시킨 후 조를 편성하거나 반 전체 활동으로 한다. ③ 찬성팀과 반대팀의 숫자가 대체적으로 균형을 이루도록 교사가 도와준다. ④ 각 팀의 주요 내용을 팀별로 정리한 후 토론이 끝난 후 발표하도록 한다.	★ 토론 ★ 발표 ✔ 조별활동 ✔ 전체활동

한국생활에서 인정에 호소하는 다양한 상황의 대화	★ 역할극
㉠ 가게 주인-손님 : 깐깐한 가게 주인에게 값을 깎아달라고 애교 부리는 상황 ㉡ 선배-후배 : 선배에게 먹을 것을 사 주며 지난 학기 노트를 빌려 달라고 부탁하는 상황 ㉢ 인정에 호소하는 기타 다양한 상황 ① 학습자에게 상황을 이해시킨 후 2인 1조씩 정하도록 한다. ② 목적을 달성하기 위해 애교나 다른 방법을 사용해서 서로 기분 좋게 해결하는 상황이 되도록 지도한다. ③ 대화가 완성되면 앞에 나와서 대화와 행동을 함께 해 보도록 하고 피드백을 해 준다.	✔ 짝활동

제11강

내 福에 산다

명절 문화

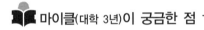
마이클(대학 3년)이 궁금한 점

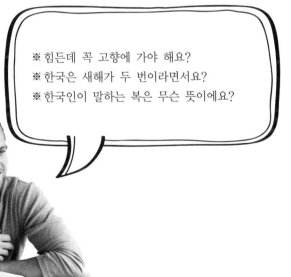

※ 힘든데 꼭 고향에 가야 해요?
※ 한국은 새해가 두 번이라면서요?
※ 한국인이 말하는 복은 무슨 뜻이에요?

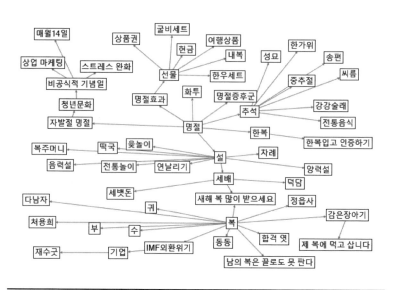

한국의 대표적인 명절이 뭐예요?

전통적으로 한국 사람들이 해마다 즐기고 기념하는 날인 명절 중 가장 대표적인 날은 설, 추석이다. 한국에서는 오랫동안 태음태양력을 써 왔는데 이를 음력이라고 하고, 서양의 태양력을 양력이라고 하는데 명절은 음력을 기준으로 한다.

설은 음력 1월 1일로 새로운 한 해를 맞는 것을 축하하는 명절이다. 조상들께 차례를 지내고 부모님과 어른들께 세배를 한다. 서로에게 복을 빌며 복조리를 걸고 새해 음식으로 떡국을 먹는다. 전통 놀이로는 윷놀이와 연날리기가 있다.

추석(秋夕)은 음력 8월 15일로 중추절(仲秋節)이라고도 하고 '한가 위'라고도 한다. 농경 사회였던 한국은 이 시기에 추수를 하는데, 한 해 농사에 대해 조상들께 감사하는 차례를 지내고 성묘한다. 전통놀 이로는 강강술래와 씨름이 있고 추석 음식으로 송편을 먹는다.

설과 추석에는 명절 당일을 전후하여 모두 3일이 공식적인 휴가 이고 주말이 연결되는 해에는 5일까지 명절 휴가를 보낼 수 있다. 이 날에는 가족이 모두 모이기 때문에 전국적으로 고향을 찾아 대이 동을 한다.

한국은 새해가 두 번이라면서요?

한국인에게 새해는 양력 1월 1일과 음력 1월 1일 두 번이다. 전통 적으로 음력 1월 1일을 설날 명절로 지켰지만, 1910년 일본의 강점 기가 시작되면서 일본인들이 설을 없애고 양력으로 1월 1일을 신년 으로 정했다. 이런 정책은 광복 후에도 계속 이어지다가 1989년에 음력설을 부활하고 3일간 공휴일로 지정하게 되었다.

음력설이 폐지되었던 기간에도 대부분의 한국인들은 음력설을 지 냈다. 일제강점기에는 음력설을 지내는 사람들을 탄압하고 한국 명절 을 없애려고 했으나 한국인들은 전통에 따라 설에 조상에게 차례를 지내지 않는 불효를 하지 않으려 했다. 광복 후에도 두 번의 새해를 맞는 것을 피하기 위해서 양력설을 인정하고 음력설은 인정하지 않는 정책을 폈으나 음력설을 진짜 설날이라고 생각하는 사람들이 많았다. 결국 민족의 전통 명절로 음력설이 인정을 받아 공식적인 명절로 지정되었고 한국인들은 양력설과 음력설을 두 번 쇠게 되었다.

두 번의 새해는 경제적인 측면에서 명절 효과를 발생시킨다. 전 세계가 양력을 기준으로 경제 활동과 교역을 하고 경제 상황을 분석하고 예측하는데, 음력으로 지내는 명절들은 양력을 기준으로 보았을 때 그 날짜가 매년 달라지기 때문에 전쟁이나 재난과 함께 산업 생산지수 산출에 있어서는 경제 외적 요인으로 분류되었다. 그러나 설과 추석 같은 음력 명절은 경제에 긍정적 간섭 효과가 있음을 밝혀지고 있다. 특히 한국과 같이 음력설을 쇠는 중국과 교류가 활발해지면서 음력 설의 경제적 영향이 더욱 증대되고 있다.

또한 두 번의 새해는 가족과 그 외의 사람들과의 새해 모임을 나눌 수 있어 좋은 점이 있다. 양력설에는 주로 직장, 학교, 지인들과 신년 모임을 가질 수 있고 음력설에는 가족과 친척과 모인다. 노인들에게 두 번의 새해는 사회생활로 항상 바쁜 자녀들과 시간을 보낼 수 있는 좋은 기회이기도 하다. 새해를 두 번 맞이하는 것은 신년의 의미를 충분히 생각할 수 있는 기회도 준다. 양력 1월 1일에 세웠던 자신의 계획과 목표들을 음력설에 다시 한 번 점검할 수 있다. 무엇보다도 삼국시대부터 현재까지 조상들이 힘써 지켜온 한국 전통의 명절인 설날을 되살렸다는 점에 그 역사적 가치가 있다.

  전통적으로 한국에서는 음력 1월 1일 설날 아침에 아침 일찍이 남녀노소가 모두 새옷(설빔)으로 갈아입고, 조상께 차례를 지낸 뒤에 모여 앉는다. 할아버지·할머니·아버지·어머니께 새해 인사로 절을 올리고 그리고 형제들끼리도 아랫사람이 윗사람에게 절을 하며 새해 인사를 한다. 이때 아랫사람은 절을 하면서 '새해 복 많이 받으세요'라고 인사를 하고, 절을 받은 어른들은 아랫사람에게 덕담으로 인사를 대신하고 아이들에게는 세뱃돈을 준다.

  세배하는 방법은 남자와 여자가 다르다. 남자는 왼손을 위로 하여 손을 잡고 눈높이로 올렸다가 내리면서 왼무릎부터 바닥을 짚고 오른 무릎을 꿇는다. 그 다음 허리를 굽히며 팔꿈치를 바닥에 붙여 머리를 숙인다. 다시 머리를 들고 허리를 펴서 일어나 두 손을 눈높이에 올렸다가 내린 후 목례를 한다. 여자는 오른손을 위로 하여 손을 포갠 후 어깨 높이로 올린다. 남자와 마찬가지로 무릎을 꿇고 몸을 45도 정도 굽혔다가 일어나서 두 발을 모은다. 그리고 올렸던 두 손을 내리고 가볍게 목례를 한다.

  덕담(德談)은 상대에게 새해 한 해를 잘 보내라는 의미로 하는 좋은 말이므로, 상대의 형편에 맞게 누구에게나 할 수 있다. "○○○○년에는 … 하기를 바랍니다 / 기원합니다"의 표현을 많이 쓰는데 상대가 결혼을 계획하고 있다면 "내년에는

세배하는 방법

좋은 신랑감을 만나 결혼하기를 기원합니다" 하고 덕담을 할 수 있고, 상대가 건강이 좋지 않다면 "내년에는 꼭 건강하고 행복한 한 해가 되기를 바랍니다"처럼 덕담을 할 수 있다. 이날 설빔을 입은 아이들이 가장 기다리는 것은 집안 어른들께 새배를 하고 새뱃돈을 받는 것인데 집안의 분위기에 따라 돈의 액수는 달라질 수 있다.

설음식으로는 떡국을 먹는 풍속이 있어서 '떡국을 먹으면 한 살을 더 먹는다'고 표현한다. 이는 가래떡이 모양이 길어서 긴 수명을 나타낸다고 생각했기 때문이라 추측된다. 일 년 중 처음 맞는 새 날인 설에는 쌀을 걸러낼 때 쓰는 조리를 새로 사는데, 일 년 내내 복이 오라는 의미에서 '복조리'라고 이름을 붙였고, 아이들의 설빔에 달아 준 주머니는 '복주머니'라고 해서 새뱃돈을 넣어주었다. 가족들이 모여 윷놀이를 하고 밖에서 연날리기를 하였다.

현대에도 설날의 전통은 대부분 이어지는데 직장 생활과 사회생활의 비중이 커진 현대에는 설날에는 직장 상사나 지인들을 찾아가 인사하는 사람들도 있고, 양력설에 이미 새해 인사를 한 사람들은 간단한 문자메시지나 SNS 메시지로 설날 인사를 대신 하기도 한다.

음력 8월 15일인 추석은 농경사회였던 한국에서 가장 큰 명절이었다. 한해의 힘들었던 농사의 보람을 수확하여 먹거리가 가장 풍부한 때였기에 그 기쁨을 가족·이웃과 나누고 조상에게 감사하는 명절이었다. 추석은 순수 한국어로는 '한가위'라고 하는데 '한'은 크다는 뜻이며 '가위'는 '(8월의) 가운데'라는 뜻이다. 한국인들은 '더도 말고 덜도 말고 한가위만 같아라'는 조상들의 말을 현대에도 전승하고 있는데, 풍성한 가을이 일 년 내내 계속되기를 기원했다. 〈삼국사기〉에는 신라 때부터 추석이 있었다고 전하나 지금의 풍속과는 다르다.

송편

추석날 아침이 되면 조상들께 차례를 지내고 성묘를 떠난다. 성묘는 조상들의 묘를 살피고 무덤 위의 풀을 손질하는 것이다. 추석의 석은 저녁이라는 뜻인데, 이날 저녁에는 둥근 보름달을 보며 소원을 비는 풍속이 있었다. 밝음과 풍요를 상징하는 달은 무속 신앙의 대상이기도 했다. 평소에도 여인들은 정화수 한 그릇을 떠놓고 달님에게 소원을 빌었다.

추석 음식으로는 송편이라는 떡이 있는데, '송'은 소나무라는 뜻으로 송편을 찔 때 솔잎을 바닥에 깔기 때문에 붙여진 이름이다. 떡은 고대에 신에게 제사를 지낼 때 제물로 쓰였던 것으로 〈삼국사기〉에는 떡을 물어 잇자국이 많은 사람이 유리가 왕이 되었다는 기록도 있다. 떡은 귀한 음식이었기 때문에 명절 때마다 한국인들은 떡을 만들어 먹으며 명절을 축하했다.

추석의 전통놀이로 강강술래와 씨름이 있다. 강강술래는 여자들의 놀이로 둥글게 원을 만들어 노래를 부르고 손을 잡고 도는 것이고, 씨름은 모래밭 위에서 남자들이 서로의 허리를 잡고 넘어뜨리는 경기인데 우승한 사람은 '장사'라고 불렀다. 현재 강강술래는 국가중요무형문화재로 지정되었고 씨름은 '추석장사씨름대회'로 매년 열리고 있다.

씨름

　현대에는 설날과 추석이 되면 선물을 사서 고향에 가는 사람들도 많고 아예 해외로 가족 여행을 떠나는 사람도 늘고 있다. 과거에는 부모님께 드리는 선물로 따뜻한 내복이 많았으나 요즘은 한우세트, 굴비세트 등 음식 선물 세트와 상품권, 여행상품, 현금이 선물로 인기가 많다.

　설날과 추석에 가족들이 모이면 화투를 즐기기도 한다. 화투 놀이는 백제시대의 놀이가 일본으로 건너가 일본식 그림으로 패가 만들어지고 다시 한국에서 유행한 것이다. 현대에는 윷놀이 못지않게 고스톱을 하며 명절을 가족들과 보내는 가정도 많아지고 있다.

한국의 최대 명절인 설과 추석이 다가오면 많은 한국인들은 마음이 설렌다. 그동안 자주 못 봤던 가족이나 친지의 얼굴도 보고, 맛있는 음식과 휴식도 즐길 수 있기 때문이다. 그러나 그 이면에는 명절증후군(holiday syndrome)에 시달리는 사람도 있다.

우선 그 많은 음식을 준비하고, 설거지, 청소에 장거리 여행에까지 시달리다 보면 몸은 어느새 피로에 찌들고, 연휴를 보낸 뒤 며칠 동안 몸살에 시달리는 주부들이 많다. 직장인들도 마찬가지다. 명절증후군을 겪는 대상은 대부분 주부였지만, 최근에는 직장을 다니는 남편과 자식들까지 피할 수 없는 증상으로 손꼽히고 있다. 명절 준비를 도맡아하는 아내는 물론이고, 남편과 자녀들(취업준비생, 직장인, 학생)도 연휴를 마냥 유쾌하게 생각하지 않고 있다는 것이다.

최근 한 온라인 조사에 따르면 명절 스트레스의 주된 원인으로는 '경제적 부담감'(42.3%)을 1위로 꼽았다. 다음으로 '가족, 친지들과 함께 보내야 하는 시간의 부담감'(16.7%) '부모님, 친지에게 들어야 하는 잔소리 및 친척 간 비교'(14.1%), '명절음식 준비 등의 과도한 가사 노동'(12.8%), '교통 체증과 장거리 운전, 이동으로 인한 피로감'(9.6%), '남들 다 고향 갈 때 회사에 출근하는 박탈감'(4.5%)의 순이었다.

명절 가족 및 친지와의 대화 중 가장 듣기 싫은 말 역시 경제적인 부분이 1위를 차지했다. 응답자의 44.2%는 '연봉은 얼마니? 모아둔 돈을 얼마나 되니?'를 명절 가장 듣기 싫은 말로 답했으며 '결혼은

언제 하니?'(23.7%), '자녀들이 공부는 잘하니?'(13.5%), '살 좀 빼야 할 것 같은데?'(12.2%), '2세는 언제 가질 거니?'(6.4%)가 그 뒤를 이었다.

명절증후군을 겪는 대상은 대부분 주부였지만 최근에는 남편들도 고통을 호소하고 있고, 시어머니나 독신자들도 명절증후군을 겪는다고 한다. 한국에만 있는 이 명절증후군들의 원인은 무엇보다 사회와 가족제도의 변화 탓이라고 전문가들은 진단한다. 명절은 농경사회·대가족 시대에서 생긴 풍습인데, 산업화 사회·핵가족 시대에 여성들이 일시적으로 전통사회의 풍습을 따르며 정신적·신체적 스트레스를 받는다는 것이다. 명절증후군의 가장 큰 원인은 여성들에게 몰리는 가사노동 때문이다. 남성 위주의 전통사회의 관습이 현대에 대물림되면서 음식 준비, 차례 준비, 설거지, 청소는 모두 여자들의 몫이 되었다. 남녀의 사회적 역할과 비중이 균형을 이루어가는 시대적 변화에 따라 명절을 지내는 남녀의 방식도 바뀌어야 될 것이다.

한국에는 또 어떤 기념일이 있어요?

한국에는 젊은 층 사이에 유행하는 비공식적 기념일이 있다. 국가가 인정하는 기념일은 아니지만 이 날이 되면 그에 맞는 기념 행사가 젊은 이들 사이에서는 관습처럼 이루어지고 관련 업체는 특수를 누린다. 현대 한국의 청년문화와 상업 마케팅이 만든 기념일들을 살펴보자.

한국에서 매월 14일은 젊은이들의 기념일이다. 우선 1월 14일은 다이어리데이로 연인에게 일기장을 선물하는 날, 2월 14일은 밸런타인데이로 여자가 사랑하는 남자에게 초콜릿을 주고 사랑을 고백하는 날, 3월 14일은 화이트데이로 남성이 사랑하는 여자에게 사탕을 주고 사랑을 고백하는 날, 4월 14일은 블랙데이로 밸런타인데이와 화이트데이에 상대가 없는 남녀가 자장면을 먹는 날, 5월 14일은 로즈데이로 연인들끼리 장미꽃을 선물하고 사랑을 표현하는 날, 6월 14일은 키스데이로 연인이 키스하는 날, 7월 14일은 실버데이로 연인들이 실버의 반지를 교환하고 장래를 약속하는 날, 8월 14일은 그린데이로 연인과 함께 삼림욕을 하면서 더위를 식히는 날, 9월 14일은 포토데이로 연인이 함께 기념사진을 찍는 날, 10월 14일은 와인데이로 연인들이 함께 와인을 먹는 날, 11월 14일은 연인과 함께 영화를 본다는 '무비데이', 12월 14일은 허그데이로 추운 겨울날 연인끼리 사랑하는 마음으로 서로를 안아 주는 날이라고 한다.

그 외에도 3월 3일은 삼이 겹쳐 있다고 하여 삼겹살데이, 5월 2일은 오이데이, 10월 4일은 천사데이로 어려운 사람을 돕거나 좋은 일을 하겠다는 취지에서 정한 날이라고 한다. 10월 31일은 서양의 할로윈데이이고, 11월 11일 빼빼로데이로 1990년대 중반 한 여자 중학교에서 11월 11일 친구들끼리 '빼빼로를 먹고 빼빼로처럼 날씬해지자'며 빼빼로 과자를 주고받은 것이 시초

라고 한다. 이를 롯데제과에서 1997년 정식행사로 기획, 마케팅에 활용하면서 전국적으로 확산됐다.

이러한 한국 젊은이들의 기념일 문화는 명절 때마다 겪는 젊은 층의 스트레스를 완화시키고 사회적 관습과 전통에 의한 비자발적 행사가 아닌 자신들을 위해 스스로 만드는 진정한 의미의 자발적 명절을 만들었다는 사회학적 의미도 있다.

요즘에도 명절에 한복을 입어요?

2016년 설날 즈음에 보도된 연합뉴스에 의하면 한국 젊은이들의 84.7%가 '명절(설날·추석) 때 한복을 입지 않는다'고 대답했다. 15.3% 만이 '한복을 입는다'고 답했다. '한복의 대중화를 위해 명절(설날·

추석) 때만이라도 한복 입는 문화를 만든다면 무엇을 개선해야 하나'라는 질문에 '현대적인 디자인 개선(36%)', '활동에 문제없는 퓨전 스타일 개발(23.3%)', '한복 대여 서비스 확대(14.7%)' 등을 꼽았다.

한편 요즘 SNS를 통한 자기표현이 강한 젊은이들 사이에서는 명절에 한복 입고 거리를 누비는 사진을 올리는 '한복 입고 인증하기'가 유행하기도 한다. 비싼 한복을 저렴하게 대여해 주는 한복대여점을 이용하여 행사나 명절 때마다 한복을 즐겨 입는 사람들도 늘어나고 있다. 특히 〈대장금〉, 〈주몽〉 등 한국 고대·중세를 배경으로 한 드라마가 해외에서 인기를 끌면서 한복에 대한 세계인의 관심도 높아지고 있어 한복에 대한 사회적 관심이 점점 높아지고 있는 추세다.

한국인의 복 문화에 대해서 설명해 주세요

서양인들은 황금이 끊임없이 쏟아지는 뿔을 들고 있는 행운의 여신 포르튜나(Fortuna)가 있어 사람들에게 재물과 행운을 가져다 준다고 믿었지만, 한국에는 그런 행운의 신은 없었다. 하늘에 복을 비는 지성을 드리고, 그 드린 지성만큼 복을 받는다고 생각했으니 일확천금의 행운은 혹부리영감이 도깨비를 만났을 때나 가능한 것이었다.

'복(福)'이란 한자의 상형문자를 보면 제사장이 술병을 들고 있는 모습으로 신에게 제물을 바치고 복을 비는 모습을 상상할 수 있다. '복(福)'은 그 자체로 돈이나 재물을 이미지화 한 것이 아니라 복을 받는 절차를 왼쪽에는 제단, 오른쪽에는 술병으로 그려 넣은 것이다. '복'의 현대적 의미는 '삶에서 누리는 좋고 만족할 만

복(福)의 상형문자

한 행운이나 거기서 얻는 행복(표준국어대사전)'이다. 서양의 행운을 나타내는 말, 포춘(Fortune)과 같이 복을 비는 절차보다는 복 자체에만 주목한 뜻풀이다. 실제로 중세 한국인에게 '복'은 '수(壽), 부(富), 귀(貴), 다남자(多男子)'로서 '오래 살고, 돈이 많고, 높은 신분을 얻으며, 많은 아들을 얻는 것'이었다. 하지만 중세 신분제 사회에서 그 무엇도 원한다고 가질 수 있는 것들은 아니기에 그 복을 빌 대상이 필요했던 것이다. 백제의 노래 〈정읍사〉에서 여인이 달에게 소원을 빌듯이, 토신(土神), 수신(水神), 목신(木神), 장승, 부처, 달, 하늘 등이 그 대상이 되었다. 이런 신들은 복을 내리고 화를 피하게 하다고 믿었다.

왕궁에서도 복을 기원하는 행사와 공연이 정기적으로 열렸다. 섣달그믐에 하는 처용희나 고려속악 〈동동〉은 모두 복에 대한 기원을 담고 있다. 처용은 나쁜 귀신을 몰아내는 신이었다. 인간의 힘으로 실현할 수 없는 꿈에 대한 간절한 소망은 기복신앙이 되어 한국인들에게 지금까지 전승되고 있다. 그래서 전통적으로 무속을 담당하는 무당은 개인과 사회가 위기를 당할 때마다 찾는 대상이었다.

1997년 IMF 사태로 한국의 많은 기업들이 파산의 위기에 처해 있을 때, 재수굿을 통해 기업을 위기를 벗어나려는 시도가 많았다. 삼성경제연구소가 1998년 펴낸 『IMF와 한국기업』 보고서에는 '경영자가 전문가의 충고보다 점쟁이의 말을 더 신뢰한다'는 설문항이 들어 있었고, 같은 해 2월 SBS 〈그것이 알고 싶다〉에서는 기업들이 점쟁이에게 쓰는 돈이 수 억이 넘는다는 제보와 그 돈이면 IMF를 극복할 수 있다는 비판도 함께 보도된 바 있다. 한국의 뿌리 깊은 무속 신앙은 현재의 복과 화도 좌지우지할 수 있다는 믿음이 전승되고 있었다.

　대학 입시 때마다 교문 앞에서 재미있는 풍경을 볼 수 있다. 어머니들이 자녀들의 합격을 위해 엿을 문에 붙이는데, 이 주술적인 행위를 하는 이유는 끈적이는 엿의 접착력이 '대학에 붙는다'는 표현을 연상시키기 때문이다. 입시준비생들은 서울우유를 먹으면 서울대학교에 가고, 연세우유를 먹으면 연세대학교, 건국우유를 먹으면 건국대학교에 간다고 농담반 진담반으로 이야기한다. 한 때 자동차 SONATA의 S를 떼어 간직하면 S대에 간다고 하여, 소나타가 아닌 오나타들이 거리를 질주하기도 했다. 간절한 소망이 주술로 변하는 순간들이다.

　매년 설날이 되면 집안 어른께 새해 인사를 드린다. 자녀들은 '새해 복 많이 받아라' 하시는 어른들의 덕담을 듣고 비로소 한 해가 시작됨을 느낀다. 그 한마디에 진짜 행운이 오리라고 매년 믿는 사람은 없을 것이다. 복을 비는 상대의 따뜻한 마음이 전달되면 그것으로 충분하다.

　'남의 복은 끌로도 못 판다'는 속담처럼, 복과 행운이 원한다고 이루어지는 것은 아니고 자신의 노력이 필요한 것이라는 사실을 옛날 한국인들도 알고 있었다. 설화 〈감은장아기〉의 주인공인 셋째 딸은 부자인 아버지가 누구 덕에 먹고 사느냐고 물었을 때 '제 복에 먹고 삽니다'라고 대답했다. 화가 난 아버지가 셋째 딸을 쫓아냈지만 수년이 지난 후 아버지는 재산을 모두 잃은 상태가 되고 셋째 딸은 큰 부자가 되어 자신을 쫓아낸 아버지를 모시며 효를 다했다는 전설이다. 어느 시대나 하늘은 스스로 돕는 자를 돕는다. 자신의 노력과 주위의 덕담이 모여 복 문화를 만든다.

학습 활동

명절 / 기념일에 대해 발표하기

    ㉠ 자국의 명절/기념일 소개
    ㉡ 한국과 자국의 명절/기념일 문화 차이
    ㉢ 개인적인 기념일 소개

① 다양한 주제의 발표가 이루어질 수 있도록 교사가 학생의 관심을 고려하여 조를 구성한다.
② 조별로 해당 주제에 대하여 내용을 더 조사한다.
③ 개인적인 기념일(㉢)의 날짜와 의미, 행사 등을 구체적으로 쓴다.
④ 내용을 정리해서 PPT로 발표한다.
⑤ 서로의 발표를 듣고 질의응답 시간을 갖는다.

★ 조사
★ 발표

✔ 조별활동
✔ 개인활동

한국의 명절 / 기념일 상황의 대화	★ 역할극
㉠ 교수-학생 : 설날에 교수님 댁을 찾아뵙고 세배하고 덕담을 듣는 상황	✔ 짝활동
㉡ 여자친구-남자친구 : 100일 기념일에 서로 선물하고 대화하는 상황	
㉢ 여자친구-남자친구 : 1주년 기념일을 잊어버린 남자친구가 여자친구의 화를 풀어주려 애쓰는 상황	
㉣ 자유 상황	
① 교사가 모든 역할을 종이에 미리 써 놓고 학생들은 각자 맡을 역할을 제비뽑기로 뽑아서 역할을 정한다. ② 상황별로 조를 구성하여 대화를 완성하도록 한다. ③ 명절/기념일 상황의 대화와 행동이 맞는지 지도한다. ④ 자유롭고 재미있는 대화 상황을 만들 수 있도록 한다. ⑤ 조별 상황 연습이 끝나면 앞에 나와서 해 보도록 한다.	

기념일 선물 주기(수호천사 게임) ① 교사는 학생들과 협의하여 학기 중 특정한 날을 기념일로 정하고 기념일 이름도 정한다. ② 교사는 종이에 학생들 이름을 써 놓고 한 장씩 뽑도록 한다. 누구의 이름이 쓰여 있는지는 비밀로 한다. ③ 교사는 학생 자신은 종이에 쓰여 있는 학생의 '수호천사'가 되었으며, 학기 중에 그 학생에게 친절을 베풀어야 함을 지시한다. ④ 해당 기념일이 되면 미리 준비한 선물을 가지고 와서 종이에 쓰여 있던 학생에게 주도록 한다. ⑤ 모두가 선물을 받을 수 있도록 교사가 미리 확인한다.	★ 체험 ✔ 개인활동

한복 디자인 대회	★체험
① 한복의 특징, 구조, 역사 등에 대하여 교사가 설명한다.	★조사
② 한국 드라마나 영화에서 한복 장면들을 선정하여 시청한다.	★발표
	★문화 섬
③ 학생들을 2~4 가량으로 조별 구성한다.	
④ 조별로 종이에 한복을 그리고 디자인하도록 한다.	✔조별활동
⑤ 정해진 날 한복 디자인 대회를 열고, 학생들은 조별로 각자 필요한 재료를 가지고 온다.	
⑥ 정해진 시간 동안 자유롭게 한복을 디자인해서 완성한다.	
⑦ 완성 후 작품을 앞에 가지고 나와 한복의 특징을 설명하도록 한다.	
⑧ 평가단(한국 교사 등)이 심사한 후 우수한 한복을 선정해서 시상한다.	
⑨ 참가한 한복은 교실 벽이나 전시 공간을 만들어 전시한다.	

외국인 대상 문화 강의의 원리와 실제

1. 들어가며

    한국 대학에서 외국인을 대상으로 한 본격적인 문화 강의는 2000년대 중반에야 학부 강의로 개설되기 시작했다. 이 책은 2007년부터 외국인 학생을 위한 한국 문화 강좌를 국내와 해외 대학에서 강의하면서 쌓은 현장 강의 체험을 바탕으로 설계되었다. 따라서 딱딱한 이론보다는 실질적으로 교실에서 바로 적용할 수 있는 내용과 활동들을 선별하고자 노력했다.

    부록의 내용은 한국 문화를 외국인에게 강의하고자 하는 예비교사들에게 강의 체험과 학생들의 피드백을 통해 도출한 문화 강의의 원리를 제시하고 강의 상황별로 적합한 강의 목표와 내용을 수립할 수 있도록 도와준다. 이 글에서 같이 생각해 보아야 할 문제는 다음과 같다.

> - 한국어 교사로서 한국 현대 문화를 외국인에게 어떻게 전달할 것인지 고민한다.
> - 문화상대주의적 입장과 한국어 교육적 입장에 대해 생각해본다.
> - 외국인이 한국 문화에 대해 알아야 할 이유에 대해서 생각해본다.

2. 누구에게 무엇을 어떻게 전달할 것인가?

가) 누구 – 대상 분석

> 대상의 한국어 수준은 어느 정도인가?

한국어 교육에서 한국 문화 주제를 선정할 때는 학습자의 한국어 수준을 먼저 고려해야 한다. 아래 표는 국립국어원에서 정한 [국제 통용 한국어 교육 표준모형]으로 문화 분야의 수준별 목적이다.

등급별 문화 내용 기술

등급	내용
1급	1. 한국인의 일상생활에서의 식생활 문화를 이해한다.
2급	1. 한국인의 행동 양식(인사법, 손짓, 몸짓 등)을 이해한다. 2. 한국인의 주생활(주거, 건축 등)의 특징을 이해한다. 3. 한국인의 식생활(음식, 음주, 식사 예절 등)의 특징을 이해한다. 4. 한국의 교통문화(교통, 운송, 길 찾기 등)의 특징을 이해한다. 5. 한국인의 경제 활동(화폐, 구매 등)을 이해한다. 6. 한국인의 예절(예법에 맞는 의례적 행동)을 이해한다.

	7. 한국의 기후(날씨 등)의 특징을 이해한다.
	8. 한국인의 의생활(한국인의 옷차림, 한복 등)의 특징을 이해한다.
3급	1. 한국인의 여가 문화(여행, 취미 생활 등)의 특징을 이해한다.
	2. 한국인의 가족 관계, 친족 호칭 등을 이해한다.
	3. 한국인의 개인적 활동(동아리, 친목 모임 등)을 이해한다.
	4. 한국인의 사회적 활동(직장생활, 학교생활 등)을 이해한다.
	5. 한국의 지리적 특징을 이해한다.
	6. 한국을 대표할 만한 지역을 안다.
	7. 한국의 문화유산(무형 문화 : 노래, 춤 등)을 이해한다.
	8. 한국인의 가족 제도(대가족, 핵가족 등)의 특징을 이해한다.
4급	1. 한국인의 세시 풍속을 이해한다.
	2. 비언어 행위(가슴을 치다 등)에 나타난 한국 문화를 이해한다.
	3. 기본적인 한국의 사회적 규범과 관습(제도, 관습, 의식, 의례 등)을 이해한다.
	4. 한국의 문화유산(유형 문화 : 도자기, 사찰 등)을 이해한다.
	5. 한국의 교육 제도를 이해한다.
	6. 한국의 대중문화(가요, 영화 등)를 이해한다.
	7. 한국의 국가 상징물(태극기, 애국가 등)을 이해한다.
5급	1. 대략적인 한국의 역사를 이해한다.
	2. 한국을 대표할 만한 인물(역사적 인물, 현대 유명 인사 등)에 대해 이해한다.
	3. 한국의 교육 문화의 특징(입시, 학원, 교육열 등)을 이해한다.
6급	1. 한국의 특징적인 역사(식민 지배, 한국전쟁, 분단 상황 등)를 이해한다.
7급	1. 한국인의 종교, 철학, 윤리, 민간신앙에 반영된 가치관을 이해한다.

본 모형에서는 외국인 학습자의 언어 수준에 따라 한국어로 이해
할 수 있는 문화 영역을 정하였기 때문에 예비교사들도 이를 기준으

로 수준별 문화 주제를 정하면 된다. 예컨대 한국의 교육열에 대해서 공부하려면 교육과 사회, 경제적 상황과 관련된 고급 어휘와 복잡한 문법을 숙지하고 있어야 하지만, 한국 음식의 종류를 이해하는 데에는 간단한 문법과 이미지만으로도 가능하다.

> 대상의 문화 학습 목적에 따라 문화 전달 내용이 달라져야 한다.

또한 외국인 학습자가 해외에 거주하고 있어 한국 문화를 한국학이라는 학문적 성격으로 공부할 것인지, 아니면 한국에 거주하면서 생활과 일 속에서 부딪히는 실제적인 문제 상황에 대해 문화적 충격을 완화시키는 목적으로 공부할 것인지에 따라 문화 내용이 달라져야 한다.

> 학습자들은 어떤 문화적 배경을 가지고 있는가?

한국 문화를 학습하기 원하는 외국인 학습자들의 모국 문화 배경에 대해서도 고려해야 한다. 같은 동아시아 한자권역에 있는 국가의 외국인 학습자들은 한자뿐만 아니라 유교나 불교 문화에 대해서도 익숙하여 한국의 유교·불교 문화에 대해 빨리 이해할 수 있지만, 기독교 문화권의 유럽, 미주의 외국인들은 유교적 가치인 효와 장유유서의 관념에 대해서 익숙지 않고 나이로 서열과 호칭을 구분하는 문화에 대해 잘 이해하지 못할 수 있다. 따라서 어떤 문화적 배경을 가진 외국인에게 한국 문화를 소개하려고 하는지를 분명히 인지할 필요가 있다.

나) 무엇 – 내용의 확정

> 대상의 한국어 수준, 질문 상황과 의도에 따라 내용의 양과 질을 결정해야 한다.

한국문화의 내용은 외국인 학습자의 한국어 수준은 물론 문화 내용이 요구되는 상황에 따라 그 양과 질을 결정해야 한다. 만약 외국인이 한국문화와 관련하여 어떤 질문을 한다면, 그것이 한국문화에 대한 학술적 호기심에서 나온 것인지, 어떤 문화적 스트레스에 대해 호소하려는 것인지 구분할 필요가 있다.

학술적 호기심이라면 그 주제를 심도 있게 다루어 질문자의 지적 요구를 만족시켜 주는 것이 필요하고, 문화적 충격이나 스트레스에 대한 호소라면 그것을 성급하게 해명하거나 해결하려고 하지 말고 질문자가 충분히 문제 상황에 대해 이야기할 수 있도록 하여 문제가 되는 문화적 요소에 대해 정확히 파악해야 한다.

많은 경우 외국인 학습자들이 한국문화에 대한 한국인과의 대화를 한국어 회화연습의 방법으로 이용하기도 한다. 이때는 외국인 학습자들이 문화 내용보다는 문형 연습에 관심이 있는 것이기 때문에 문화 내용에 대해서는 깊이 있게 다룰 필요가 없다. 하지만 한국문화에 대해 그들의 모국어로 듣기를 원한다면 이때는 문화 내용에 대한 정확하고 깊이 있는 정보를 원하는 것이기 때문에 가능한 충분히 내용을 설명하고 토론의 기회도 주는 것이 좋다.

> 한국인 대화자(교수자)는 문화의 부정적 측면보다는 긍정적 측면으로 관심을 유도하는 것이 좋다

어떤 주제에 대한 토론은 대개 비판을 수반하게 되는데, 한국 문화에 대한 부정적 측면을 너무 부각시키는 것은 외국인 학습자나 한국인 교수자 모두를 위해 좋지 않은 선택이다. 자신들의 문화에 대한 비판적 성찰은 문화의 주체로서의 당연한 반성 행위이며 더 나은 발전을 위해 필요한 것이지만, 그러한 비판적 시각을 외국인에게 보여줄 필요는 없다. 외국인들이 한국어를 배우고 한국 문화에 대해 알려고 하는 것은 그들의 목표 언어인 한국어와 한국에 대해 보다 긍정적인 태도를 스스로 갖기 원하는 것이며, 한국에 대한 긍정적 마인드는 결국 한국어 학습에 긍정적 효과를 연결되기 때문이다.

한국 유학을 경험한 외국인을 대상으로 한 최근의 연구 결과에 의하면 한국 유학 후 오히려 한국에 대해 부정적 시각을 가지거나 반

한 감정까지 느끼는 외국인들의 숫자가 늘고 있다고 한다.

* 외국인 유학생의 국가 이미지 및 친한/반한 감정(2015한류융합과제
  연구 : 9쪽)

외국인 유학생들은 한국인 및 한국에 대해 긍정적인 이미지를 가지고 있
었으나, 인적 요인에 대해서는 상대적으로 낮게 평가하고 있었다. 특히
포용력, 너그러움, 신뢰성 측면에서 낮게 나타났다. 반면 사회적, 경제적
요인에 대해서는 매우 긍정적으로 평가하고 있었다. 그러나 모든 응답자
유형에서 유학 후 한국에 대한 호감도가 낮아져 적극적인 관리방안이 요
구 되었다. 친한 감정이 있는 이유에 대해서는 유학생활의 전반적인 만족
도가 높기 때문(41.4%)이었고, 반한 감정의 이유는 문화적응 스트레스의
주요 원인과 마찬가지로 한국인이 유학생 및 유학생 문화를 차별하고 무
시하기 때문(58.8%)이었다.

중국 유학생의 반한 감정 비율

구분	비율(%)
강하게 있다	3.6
어느 정도 있다	37.1
별로 없다	36.5
관심 없다	22.7
합계	100.0

출처 : 구자억(2010), 「한·중 양국민 간 우호정서 저해 원인 연구 : 국내체류 중국인
유학생 실태조사를 중심으로」

외국인 유학생의 한국 이미지 변화 비율

구분	비율(%)
매우 나빠졌다	2.7
다소 나빠졌다	16.2
좋아지지도 나빠지지도 않았다	16.8
다소 좋아졌다	37.9
매우 좋아졌다	26.4
합계	100.0

출처 : 오정은(2014), 「대한민국 정부초청 외국인 유학생 실태 분석」

대부분 어린 나이에 한국을 첫 유학지로 선택한 외국인 유학생들이 한국에서 느끼는 문화 충격을 한국을 비롯한 모든 나라에서 흔히 경험할 수 있는 공통의 문제로 인지하지 못하고, 한국의 문제로만 인식하는 경향이 있기 때문이다.

따라서 한국 문화 중 부정적인 요인이 노출되는 현상에 대해서 외국인 학생들이 보다 객관적이며 거시적인 관점에서 바라볼 수 있도록 '한국의 문제'라는 시각에서 '외국인과 내국인의 문제'라는 보다 보편적인 시각으로 전환시켜 줄 필요가 있다.

학술적인 목적일 경우에는 질문이 긍정이나 부정 중 한 면만 다루고 있더라도 가능한 양쪽을 다 같이 볼 수 있도록 응답 내용을 결정해야 한다.

한국학 자체가 학습 목적으로 설정되는 상황에서는 외국인 학습자에게 문화 현상의 긍정적 측면과 부정적 측면을 모두 제시하여 어느 한쪽의 시각만 가지지 않도록 해야 한다.

문화 내용을 확정할 때는 문화적 현상인지 비문화적 현상인지에 대해 구분할 필요가 있다.

또한 어떤 현상이 과연 한국의 일반적인 문화 현상인지, 아니면 일반 대중의 인정을 받지 못하는 반사회적 행동인지를 구분할 필요도 있다. 예컨대 지하철에서 외국인을 폄하하며 소란을 피우는 한국인이 있다고 하자. 이는 일반적인 한국 문화 현상이라고 할 수 없는 반사회적 행동이지만 외국인들은 이를 개인적이고 전면적인 문제로 인지하여 결국 한국에 대한 부정적인 감정을 가질 수 있다. 그래서 문화 내용을 확정할 때에는 해프닝이나 사건에 속하는 것인지 일반적인 문화 현상인지를 구분해야 한다.

예컨대 '한국인들은 통제할 수 없으면서도 반려견에게 목줄을 하지 않는다'는 내용을 문화 현상으로 볼 수 있을까? 개에게 목줄을 하지도 않고 제대로 된 훈련도 하지 않아 길에서 마음대로 지나가는 사람들에게 달려든다면 정말 고약한 일이다. 더구나 외국인이 그런 개에게 물렸을 때도 개 주인인 한국인은 대수롭지 않다는 듯 웃기만 한다면 외국인으로서 한국에서 사는 일은 고역스러운 일이 될 것이다. 그런데 이런 현상이 여러 번 반복되어 나타난다고 해서 이를 한국 문화로 치부할 수 있을 것 같지는 않다. 이는 현재 한국 사회의 관습으로 용인될 수 있는 것이 아니고 경범죄 처벌법 제3조에 해당하는 반사회적 행위이기 때문이다.

따라서 비문화 행위에 대해서는 한국 사회가 인정하는 관습과 법의 범주에 해당되지 않음을 분명히 인식하고 이를 한국인 전체가 공유하는 문화 행위로 오인해서는 안 된다.

> 문화 주제는 종종 역사 문제나 이데올로기, 종교적 갈등을 다루게 되지만 한국인 대화자는 개인적 의견보다는 객관적 사실에 초점을 두어야 한다.

한국인 대화자가 한국 문화를 가르치는 교수자라 하더라도 종교나 정치는 개개인의 신념과 관련 있기 때문에 자신의 의견을 한국인의 일반적인 생각인 것처럼 오도해서는 안 된다. 가능한 객관적 사실들만 확인해 주고 판단은 각자에게 맡기는 것이 바람직하다.

다) 어떻게 – 전달 방법

> 대상의 언어적 수준에 맞추어야 한다.

외국인과의 한국어 대화는 상대의 한국어 수준에 따라 언어를 통제해야 한다. 외국인이 이미 알고 있는 문법과 어휘 범위 내에서 설명해야 하고, 새로운 단어를 소개할 때에는 통제된 어휘를 이용해 설명한다.

> 시청각적 자료를 제시해서 이해와 인지의 효율성을 극대화한다.

문화 현상은 다양한 시청각 자료를 이용하는 것이 이해의 효과를 배가시킨다. 문화 현상에 대해 가장 대표성을 지니는 이미지나 동영상 자료를 선택하는 것이 중요하다.

> 개인(사적인 공간)인지 청중(공적인 공간)인지에 따라 전달 방법을 달리해야 한다.

사적인 공간에서의 대화라면, 상대와의 상호 피드백을 통해 주제를 심화시키는 방식이 좋고, 공적인 공간에서 일방적으로 전달해야 할 때에는 가능한 보편적이며 일반적인 문화 현상을 객관적으로 설명하는 것이 좋다.

담화 목적에 맞추어야 한다.

문화 주제 대화의 담화 목적이 친교라면 주제의 깊이보다는 소통에 더 초점을 두어야 하고, 담화 목적이 교육이라면 다양한 보조 매체를 이용해 주제를 깊이 있게 소개해야 한다.

대상의 의도에 부합하도록 응답하되 다루고 있는 주제에 대해 다각적이며 깊이 있는 논의가 이후에도 계속될 수 있음을 인지시킬 필요가 있다.

외국인이 질의한 문화 현상에 대해서 설명할 때에는 상대의 의도가 학술적인 것인지, 스트레스를 완화시키고자 하는 것인지 등을 파악하여 그에 맞추어 응답하는 것이 좋다. 또한 어떤 주제에 대해 성급한 결론을 제시하기보다는 이후에도 다양한 각도에서 재논의될 수 있음을 보여주는 것이 좋다.

3. 문화 현상에 대해 어느 정도의 이해가 필요한가?

'문화'라는 영역은 역사, 문학, 예술은 물론 사회 전 영역에 걸쳐 있기 때문에 이에 대해 한국인 대화자가 이를 모두 해명할 수 있는 수준에까지 도달하는 것은 쉽지 않다. 외국인 학습자가 한국인 대화자에게 원하는 것은 '전문 지식'을 외워서 전달해 주는 것이 아니라

'이야기의 상대'가 되어 주는 것이다.

'교양인'으로서 대화를 진행한다.

대화의 대상으로서 지위는 어느 정도가 적당할까? 외국인 학습자 중에는 청년층도 있지만 중장년층도 있기 마련이다. 따라서 어떤 학습자들은 어떤 문화 현상에 대해 교수자보다 더 깊은 이해를 가지고 있을 수 있다. 문화 현상에 대한 의견 교환에 있어서 '원어민이라는 언어적 지위'는 큰 도움이 되지 못한다. 그보다는 '교양인으로서의 지위'를 유지하며 대화를 진행하는 것이 바람직하다.

교양인(敎養人)이란 한국어사전에서 '지식이나 정서, 사회생활을 바탕으로 길러진 고상하고 원만한 품성을 지닌 사람'이라고 정의하고 있다. 이때의 지식은 그 사람이 속한 사회와 시대에서 일반적으로 요구되는 수준이라고 할 수 있다. 하지만 공통된 지식만으로는 교양인으로 인정받기 어렵다. 공통된 지식의 양과 질은 전문지식에 비해 상대적으로 낮은 수준이기 때문이다. 누구나 각자의 일이 있고 그 일에서 얻은 지식이 공통 지식의 수준을 넘어서는 수준이라면 이런 사람은 전문 지식과 사회 공통의 지식을 모두 가진 교양인으로 볼 수 있다.

또한 정서는 자신이 속한 사회의 구성원과의 공감 능력을 말한다. 어떤 사안에 대한 희로애락의 감정은 물론 유머 감각까지 포함될 수 있다. 사회생활을 바탕으로 길러졌다는 말은 외적 지식의 개인화(내면화), 개인 정서의 사회화를 뜻할 것이다. 또한 고상하고 원만한 품성은 도덕적인 가치로서 전통 사회에서 지향했던 군자적 모습과 연결된다.

원래 교양인이라는 말의 탄생은 프랑스에서 이루어졌지만, 개념은 고대 그리스에서 유래한 것이다. 아리스토텔레스가 『에우데모스 윤리학』에서 말한 바와 같이 육체의 완전함(καλώς / kalos : 까알로스)과 정신의 완전함(καγαθος / kagathos : 까아가토스)의 상태, 즉 지고의 미와 선을 갖춘 존재인 '선미인'은 고대 그리스인들이 추구해야 할 인간 존재의 이상이었다.

17세기 프랑스에서 교양인 담론은 '프랑스 궁정사회와 살롱'이라는 사회적 환경을 배경으로 탄생했다. 17세기 프랑스의 관점에서 고대의 현인들에게서 발견하고자 하였던 교양인의 특성을 요약하자면, 우선 교양인은 많은 지식을 가졌음에도 불구하고 현학하지 않는 자연스러운 태도를 가졌다는 것이다. 또한 교양인은 자신의 욕망이나 유용한 것들에 대한 지신의 의도를 지나치게 노골적으로 드러내지 않는 초연함과 은폐성을 가져야 한다는 점이다. 또한 교양인은 고대 그리스의 선미인과 마찬가지로 미와 선의 측면에서 범인에 비해서 우월한 존재여야 하므로 본질적으로 엘리트주의의 성격을 지닌다고 보는 것이 타당할 것이다.

이런 교양의 개념이 대학 교육에 접목되면서 교양교육이 필수가 되었다. 지식인에게 요구되는 기본적 자질로서 교양이 중요한 의미를 가지게 되었는데 현재 대학에 설치된 교양과목들은 인문사회, 자연과학을 아우르는 학문 전영역에 대한 기초적인 지식들을 가르친다. 결국 대학인이 된다는 것은 교양인이 되는 것을 말하고, 대학에서의 소통은 교양인들의 소통을 의미하는 바, 대학 교육을 이수한 한국어 교수자에게 학습자들이 기대하는 것도 이런 교양일 것이다.

한국어사전에서 정의한 바와 같이 교양인이 길러지는 것이고 17세기 프랑스인과 고대 그리스인들이 추구했던 가치가 생래적인 고귀함이 아니라 인간 존재 자체의 고귀함이라면, 교양인은 태어나는 것이 아니라 만들어지는 것이며 사회인으로서의 소통하며 자연인으로서 고귀한 가치를 완성하고자 하는 존재라고 할 수 있다.

한국어 대화자(교수자)에게 요구되는 자질은 교양인으로서 학습자들과 가치 있는 소통을 이루는 것이다.

> 언어교육 분야의 전문적 지식은 물론이고, 우리 문화에 대한 자부심과 타문화에 대한 이해가 필요하다

하지만 한국어 대화자(교수자)가 자국의 문화를 포함한 모든 문화 현상에 대해 완벽하게 이해하는 것을 요구할 필요가 있을까? 완벽

하지는 않더라도 상당한 수준의 문화 지식을 갖추는 것은 필수라고 생각하지는 않는가?

만약 외국인 학습자를 가르치는 데에 필요한 정도만 이해하면 된다고 대답한다고 하면 그 수준을 어떻게 정할 것인가가 문제가 된다. 외국인 학습자의 나이, 학력, 경험, 문화적 수준과 지식의 정도가 천차만별이기 때문에 무엇을 기준으로 그 필요 정도를 정할지 결정하기 힘들다. 만약 가능한 모든 문화 현상에 대해 완벽하게 알아야 한다고 한다면 그렇게 많은 지식이 실제 언어 교육 현장에서 쓰이는지에 대해 의문을 제기할 수 있다. 교수 대상의 범위가 넓고 문화의 범주 역시 광범위하니, 가장 한국적인 몇 가지 특성들을 중심으로 문화 현상을 공부하면 어떨까? 이렇게 되면 한국 문화의 다양한 측면들을 획일화하고 단순화시켜 현상의 본질을 왜곡할 우려가 있다. 더구나 문화는 과거뿐만 아니라 현재의 변화까지고 포함하고 있으니 어제의 비주류 문화가 오늘의 주류 문화가 되는 현상을 누가 예측할 수 있을까?

적어도 외국인 학습자들이 보기에 한국 문화에 대한 깊이 있는 이해는 한국어 교수자에게 강하게 요구되는 교양이다. 처음부터 모든 지식을 완벽하게 갖추려는 부담을 버리고, 자신이 관심 있는 분야부터 지속적으로 탐구하고 체험해보는 자세가 가장 필요하다. 외국인 학습자들의 문화에 대한 질문은 대개 실제로 그런 경험을 해보았는지 확인하는 말로 이어지기 때문이다.

그러므로 책에서 읽을 수 있는 정보를 반복하기보다는 자신의 삶의 경험을 나누고 현재를 살아가는 한국인의 모습을 보여주기를 원한다. 그래서 경험 없는 많은 지식보다는 개인의 삶의 체험으로 전환된 스토리를 들려주는 것이 한국의 문화를 이해시키는 데에 더 큰 힘이 있다.

4. 상대 문화에 대해 언급할 필요가 있을까?

문화권마다 예절이 다르고 습관이 다르다. 예컨대 러시아와 말레이시아에서는 콧물이 나면 코를 들이 마시면 안 되고, 언제 어디서건 코를 푸는 것은 실례가 아니다. 밥을 먹다가도 푼다. 미국인들은 식당에 가면 빈자리가 많아도 웨이터가 안내할 때까지 기다려야 하고, 끝나고 나올 때는 팁을 놓는다. 태국에서는 요일에 따라 입는 옷 색깔이 정해져 있고, 인도네시아와 태국에서는 성과 이름을 언제든 마음대로 바꿀 수 있다. 키르키즈스탄에서는 최근까지 보쌈 문화가 있어서 신부납치로 결혼한 사람이 인구의 절반을 넘는다. 하지만 최근에는 이런 문화가 일부 변하고 있다.

문화를 문명과 동일시하게 되면 어떤 관습은 매우 비문명적인 행동이 될 수 있고 심지어 비인륜적이라는 지탄을 피할 수 없을 것이다. 상대의 문화는 현재진행형의 문화도 있지만 시대에 따라 바뀌는 부분이 있기 때문에 상대와 상대가 속한 문화를 일률적으로 재단하는 것은 금물이다.

한국어 학습자들이 우리 문화에 대해 관심이나 의문을 가지는 것
에 대해서 굳이 상대 문화와 비교해서 우열을 가리려는 태도는 좋지
않다. 중요한 것은 질문의 의도를 파악하고 그에 대해 적절한 응답
을 제시하는 것이다.

> 문화 상대주의적 관점에서 객관적 사실만을 제시하고 우리 문화와 심층적
> 으로 비교해서 말할 수 있어야 한다.

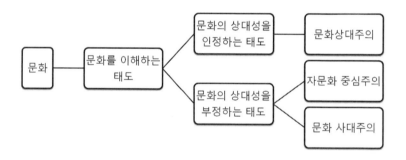

문화 상대주의는 글로벌 세계의 바람직한 소통 방법일 것이다. 그
러나 극단적인 문화 상대주의로 가는 것은 결국은 보편적인 윤리를
부정하는 문제로 귀결되기도 하다는 점에 주의해야 한다. 자문화 중
심주의와는 달리 자국문화에 대한 문화적 자부심은 민족이나 국가
의 정체성을 이루는 요소로서 중요한 의미를 지닌다. 그런 점에서

한국인으로서의 문화적 자부심을 가지고 외국인과 소통하는 것은 상대에게 우리 문화의 생생한 경험과 신념을 전달할 수 있다.

> 우리 정부가 세운 외국인 유학생의 유치 목적 중의 하나가 지한(知韓)·친한(親韓) 인사 양성이라는 점을 고려할 때, 한국 문화교육의 방향은 다음과 같이 설정되어야 한다.
>
> 문화 교육은 실질적인 언어 교육과 연동되어야 한다.
> 문화 교육은 학습자들의 한국어 학습 의욕을 고취할 수 있어야 한다.
> 문화 교육을 통해 한국에 대한 오해와 문화적 스트레스를 풀 수 있어야 한다.

5. 외국인 학습자들이 가장 원하는 것은 무엇인가?

한국 문화와 관련하여 외국인들이 가장 원하는 것이 무엇일지 생각하기 전에 한국(인)에 대한 그들의 감정에 가장 영향을 미치는 요소가 무엇인지 살펴볼 필요가 있다. 한국문화산업교류재단에서 2015년 6개 권역 총 844명의 외국인 유학생을 대상으로 실시한 설문조사에 의하면, 한국에 대한 국가 이미지(사회적 요인/경제적 요인)는 외국인 유학생들에게 긍정적인 편으로 나타난 반면 한국인에 대한 이미지, 즉 인적 요인은 상대적으로 낮게 나타났다. 또한 설문조사에서는 친한 감정의 이유와 반한 감정의 이유도 물었는데 높은 생활 만족도와 우수한 정치, 경제, 사회적 시스템 등 사회·경제적 요인이 친한 감정의 이유였고, 모국인 및 모국 문화 차별 무시가 58.8%

로 반한 감정의 이유였다.

외국인 학습자들이 한국어와 한국 문화 교육에 있어서 결핍되어 있는 것은 교육 내용이 아니라 한국인과의 관계이다. 외국인 학습자들이 한국의 문화에 대해서 한국인과 소통하려고 한다면, 그것은 한국 문화의 정보나 내용 이해 때문이라기보다는 한국인과의 소통 그 자체를 원활하게 하려는 쪽에 그 이유가 있다고 추정할 수 있다. 또한 주변의 한국인들이 자국의 문화를 존중하지 않고 무시한다는 이유로 반한 감정이 발생하는 바, 문화 상대주의적 입장에서 서로의 문화를 이해해 주는 한국인 대화 상대자가 필요하다고 분석할 수 있다.

따라서 한국인 대화자(교수자)가 외국인과 한국 문화에 대해서 이야기 할 때에는 한국인 중심의 한국학적 내용을 깊이 있게 다루는 것보다는 '문화적 소통과 이해'에 초점을 주고 주제를 선택하는 것이 필요하다. 한국인 대화자가 한국어 교사라고 하더라도 외국인들이 원하는 것은 내용보다는 소통에 더 무게가 실려 있는 경우가 많다. 그래서 자신들의 문화적 충격에 대한 경험, 예컨대 이해할 수 없는 한국인들의 행동에 대한 해명을 요구하는 사례가 많다.

> 외국인들의 주장을 긍정적으로 들어주고 오해를 풀어주는 과정이 수반되어야 한다.

외국인들이 문화 이해를 통해 한국어의 의미를 명확히 파악하고, 한국인과의 상호 이해를 통한 소통의 질을 높임으로써 한국어 학습자로서의 목표와 유학의 의미를 모두 성취할 수 있도록 돕는 것이 한국인 대화자(교수자)의 의무이다.

6. 책을 마치며

외국인 대상 문화 강의는 한국인 대상 문화 강의와 그 목적과 내용 그리고 전달 방법에서 크게 다르다. 만약 한국인 대상의 문화 강의를 적용 모델로 설정한다면 다루려는 문화 범주와 전달 방법에 오류가 발생하게 되고 이로 인해 시행착오의 아픔을 겪을 수밖에 없다. 한국 문화를 보다 깊이 그리고 많이 전달하려는 의욕은 줄이고, 자신의 한국 문화 강의가 외국인 수강자의 문화 충격이나 문화적 스트레스 그리고 학술적 궁금증 등을 실질적으로 풀어줄 수 있는가에 초점을 맞추어야 한다. 전문적이고 깊이 있는 문화 지식을 쌓아야 한다는 의무감보다는 외국인 수강생들의 한국과 한국 문화에 대한 관심을 제고할 수 있는 지혜가 필요하다. 이 책이 한국 문화를 가르치려는 분들에게 작은 길잡이가 되길 바란다.

참고문헌

제1강

김동일 외, 「대학 교수가 바라본 고등교육에서의 대학생 핵심역량 : 서울대학교 사례를 중심으로」, 『아시아교육연구』 제10권 제2호, 2009, pp.195-214.

김원숙, 「근대 프랑스에서의 '교양인(honnête homme)'의 미학」, 영남대학교 대학원, 2005.

김중섭, 『국제 통용 한국어 교육 표준 모형 개발 2단계』, 국립국어원, 2011-01-44.

김지영, 「외국인 대학생의 학술 보고서에 나타난 제(諸) 문제」, 『국제한국어교육학회 춘계학술발표논문집』, 국제한국어교육학회, 2016, pp.51-66.

박영순, 「교양인」, 『숙명문학』 1, 숙명문학인회, 2010, pp.107-112.

이영호, 「대학교육의 글로벌 스탠다드 의미와 유형 분석」, 『比較敎育硏究』 19-3, 한국비교교육학회, 2009, pp.61-77.

정무관·최항석·이해영, 「대학의 교육서비스에서 교수자의 역할이 학습성과에 미치는 영향」, 『서비스경영학회지』 17-1, 한국서비스경영학회, 2016, pp.281-306.

주영흠, 「교양인과 대학생활」, 『학생생활연구』 9, 총신대학교 학생생활지원센터, 2005, pp.5-18.

주철안 외, 「한국과 중국 대학생의 핵심역량 수준 및 미래지향적인 핵심역량 중요도」, 『比較敎育硏究』 25-4, 韓國比較敎育學會, 2015, pp.203-233.

진강려, 「한국어 강독 수업에서의 문화 교육 연구」, 『한국언어문화학』 9-1, 국제한국언어문화학회, 2012, pp.247-270.

한국직업능력개발원, 『제1회 K-CESA 활용 대학생 핵심역량 학술대회 발제지』, 교육부, 2014.
한명아, 「대학생의 독서활동과 핵심역량간의 관계연구」, 가톨릭대학교 대학원, 2012.

제2강

권혁명, 「〈翰林別曲〉의 創作 背景과 朝鮮時代 〈翰林別曲〉의 流行」, 『東洋古典研究』 57, 동양고전학회, 2014, pp.437-466.
김미혜·김지혜·원형중, 「대학생의 동아리 참여 유형에 따른 여가정체성이 심리적 웰빙에 미치는 영향」, 『여가학연구』 12, 한국여가문화학회, 2014, p.12.
서정연, 「외국인 유학생의 대학생활 적응에 따른 한국문화의 이해」, 영남대학교 대학원, 2011.
유재득, 「캠퍼스타운 활성화를 위한 모형 구축에 관한 연구」, 弘益大學校 大學院, 2013.
최선영, 「한국 대학교육의 목적」, 『연구논문집』 39-1, 대구효성가톨릭대학교, 1989, pp.401-417.
최예종·성기훈·장용규, 「교육대학교 학생 자치활동에 관한 연구」, 『學生生活研究』 26, 서울교육대학교 학생생활연구소, 2000, pp.81-109.
황문수, 「대학문화와 자치활동」, 『大學敎育』 17, 한국대학교육협의회, 1985, pp.23-27.

『삼국사기』(http://db.history.go.kr/)
『삼국유사』(http://db.history.go.kr/)
『고려사』(http://db.history.go.kr/KOREA/)
『조선왕조실록』(http://sillok.history.go.kr/)

김정선, 「문화간 의사소통 능력 향상을 위한 한국 언어·문화 교육 프로그램 개발 연구」, 연세대학교 교육대학원, 2005.

김정숙·조현용·이미혜, 「한국어 비언어적 행위 표현과 한국어문화 교육 연구」, 『국제학술대회 2005-1』, 국제한국언어문화학회, 2005, pp.147-169.

김태은, 「직장 복식규범과 20·30대 여성의 패션스타일 표현」, 서울대학교 대학원, 2014.

대한산업보건협회, 「직장과 예절」, 『안전기술』 88, 대한산업안전협회, 2005, pp.60-63.

류은숙, 「직장남성의 경력성공에 영향을 미치는 이미지관리행동」, 중앙대학교 대학원, 2014.

알란턴 바건, 「외국인 노동자들의 문화적 갈등에 관한 연구」, 계명대학교 대학원, 2006.

오성환, 『직장 예절 : 글로벌 커리어·리더십 개발』, 형설출판사, 2008.

요 로, 「한국어 교재의 직장문화 연구」, 동국대학교 대학원, 2016.

윤기종, 「직장 내 '비공식조직'에 관한 연구」, 연세대학교 행정대학원, 1999.

이정혜 외, 「관리자가 본 직장예절 수행실태 조사연구」, 『한국여성교양학회지』 5, 한국여성교양학회, 1998, pp.247-271.

장희수, 「직장 내 화법 개선 방안 연구」, 이화여자대학교 교육대학원, 2015.

전혜숙, 「일·가정 양립 가능한 가족친화 직장문화 조성」, 『부산여성가족브리프』 13, 부산여성가족개발원, 2012, pp.1-8.

조현태, 「직장 예절과 직장 성공의 연관성에 대한 사례분석」, 경희대학교, 2010.

최현주, 「비즈니스 한국어교재를 위한 문화요소 연구」, 세종대학교 대학원, 2011.

김도헌, 「산업연관분석을 이용한 방송·통신산업의 경제적 파급효과 분석」, 연세대학교 정보대학원, 2009.

김병오, 「1990년대의 청년과 노래, 확장과 순환」, 『대중서사연구』 24, 대중서사학회, 2010, pp.113-134.

김수정, 「한류 스타가 만들어지는 과정에 대한 사례 연구」, 인천대학교 일반대학원, 2007.

김연주, 「대중문화 마케팅에 관한 연구」, 단국대학교 대학원, 2009.

김종진, 「한국 TV 음악 쇼 프로그램 연구」, 한국외국어대학교 정치행정언론대학원, 2010.

김진이, 「K-Pop의 형성과 음악적 특성에 관한 연구」, 동아대학교 예술대학원, 2013.

노동렬, 「방송 드라마제작산업의 인센티브 딜레마 구조」, 『방송과 커뮤니케이션』 16-1, 문화방송, 2015, pp.35-79.

박 결, 「K-Pop 차트분석을 통한 대중문화현상 연구」, 한국외국어대학교 대학원, 2015.

박현서, 「문화콘텐츠의 인터랙션 디자인을 통한 경험적 확장에 관한 연구」, 홍익대학교 대학원, 2016.

서대석, 「한류의 원류」, 『겨레어문학』 49, 겨레어문학회, 2012, pp.7-26.

손상민, 「한류문화융성에 영향을 미친 요인에 관한 사례 연구」, 서울대학교 행정대학원, 2015.

송지혜, 「브랜드 자산으로서 기획형 엔터테이너의 활동 양상에 관한 연구」, 한양사이버대학교 경영대학원, 2015.

신동석, 「K-Pop의 세계시장 진출 성공요인 분석과 활성화 방안」, 한남대학교 경영대학원, 2014.

이강엽, 「바보설화의 전통과 현대적 변모 양상」, 『열상고전연구』 15, 冽上古典研究會, 2002, pp.327-357.

이경록, 「K-Pop의 문제점과 대책」, 동아대학교 예술대학원, 2016.

이현진, 「K-Pop의 성장 지속화 방안」, 세종대학교 문화예술콘텐츠대학원, 2014.

최양수, 「한국의 방송문화 산업과 漢流」, 『한국방송학회 세미나 및 보고서』, 한국방송학회, 2002, pp.1-12.

최영화, 「신한류의 형성과 한국사회의 문화변동」, 중앙대학교 대학원, 2014.

최온유, 「예능프로그램에 내재된 감성에 기반한 UX감성강화를 위한 감성 추출 및 보편화 연구」, 한동대학교 대학원, 2014.

추은열, 「한국 대중음악의 성립과정 및 시대별 인기가요의 어쿠스틱 재해석」, 중앙대학교 예술대학원, 2016.

제5강

김윤화, 「SNS(소셜네트워크서비스) 이용추이 및 이용행태 분석」, 『KISDISTAT Report』, 정보통신정책위원회, 2016.

김 진, 「인터넷 통신언어의 언어학적 특성 연구」, 제주대학교 교육대학원, 2015.

노신혜, 「스토리텔링 장치로서의 SNS 마케팅 전략 연구」, 인하대학교 대학원, 2016.

류설리·공용배·장예빛, 「대학생 집단의 SNS 스트레스에 영향을 미치는 변인에 관한 연구 – 성격, SNS 이용행태, SNS 이용동기를 중심으로」, 『한국영상학회 논문집』 12-3, 한국영상학회, 2014, pp.23-40.

박성철, 「네티켓과 현실공간 커뮤니케이션 규범의 대비연구」, 『수사학』 11, 한국수사학회, 2009, pp.323-361.

박지상, 「SNS 이용실태와 이용영향요인에 관한 연구」, 경희대학교 언론정보대학원, 2012.

방송통신위원회, 『2015 방송통신위원회 연차보고서』, 방송통신위원회, 2016.

송경재, 「한국 SNS사용자의 특성과 정보인권 인식 연구」, 『사이버사회문화』 1-1, 경희사이버대학교 사이버사회연구소, 2010, pp.35-59.

주월랑, 「문화어휘 '우리'의 사용 양상과 '우리+명사' 구조의 의미 인식 연구」,
『한국언어문화학』 10-2, 국제한국언어문화학회, 2013, pp.275-294.
판 디, 「중·한 인터넷 통신언어의 비교 연구」, 전남대학교 대학원, 2011.

제6강

김수정, 「한국사회 맞벌이화 이행에서 소비지출구조의 변화」, 『가족과 문화』
25-4, 한국가족학회, 2013, pp.34-59.
李善英, 「'맵다'의 意味 變化에 대한 短見」, 『진단학보』 125, 진단학회, 2015,
pp.163-181.
윤선영·정태홍, 「한국(인)의 커피 문화, K-Culture로 진화하다」, 『중동유럽한
국학회 학술대회 논문집 2014』, 중동유럽한국학회, 2014, pp.215-221.
장해진, 「외국인관광객을 위한 한국 전통음식의 관광상품화」, 연세대학교 대학
원, 2003.
鄭炳璇, 「韓國의 고추 食文化에 관한 考察」, 『세종대학 논문집』 12(이공), 세종
대학교, 1985, pp.67-84.

제7강

이정래, 「고가 등산복 소비의 사회문화적 함의」, 경북대학교 대학원, 2013.
임재해, 「한국인의 산 숭배 전통과 산신신앙의 전승」, 『숲과 문화 총서』 10,
수문출판사, 2002, pp.14-38.
최성웅, 「가야의 의학 문화 연구」, 慶熙大學校 大學院, 2008.
편집부, 「[우리말 어원] 예쁘다」, 『기계저널』 45-3, 대한기계학회, 2005, p.90.
폴 크레인 지음, 천사무엘·김균태·오승재 옮김, 『한국 문화 이야기 : 외국인의
눈으로 바라본 1960년대 우리의 삶』, 동연, 2011.

제8강

김정남, 「한국인의 인사예절 표준화 방안 연구」, 동국대학교, 2016.

김정화, 「광복 이후 '실천예절' 변천과정에 관한 연구」, 성신여자대학교, 2011.

오수경, 「'술(酒)'과 현대인의 禮節」, 『退溪學』 8(1), 안동대학교, 1996, pp.121-141.

오재복, 「식사예절의 변천사에 관한 연구」, 경기대학교 관광전문대학원, 2003.

윤정아, 「한국어 학습자의 요청 응답 화행 연구」, 계명대학교 대학원, 2009.

이명자, 「외국인 유학생의 한국문화경험 및 요구 연구」, 성신여자대학교, 2011.

이무영, 『예절바른 우리말 호칭』, 여강, 2004.

이성희, 『한국문화 어떻게 가르칠 것인가 : 이론과 실제』, 박이정, 2015.

임칠성·이창덕, 「언어 예절 인식 변화와 언어 갈등 해결 방식 탐색」, 『나라사랑』 120, 외솔회, 2011, pp.334-353.

정경조·정수현, 『말맛으로 보는 한국인의 문화』, 삼인, 2013.

제9강

노경수, 「尹石重 研究」, 단국대학교 대학원, 2009.

유문희, 「출생의례의 문화콘텐츠화 방안 연구」, 원광대학교 동양학대학원, 2014.

조은성·변숙은, 「경조사 부조금」, 『문화산업연구』 14-4, 한국문화산업학회, 2014, pp.59-71.

주강현, 「두레 研究」, 경희대학교 대학원, 1995.

한성운, 「우리나라 傳統社會에서의 地域協同體에 關한 研究」, 全州大學校, 1987.

제10강

고미숙, 「도덕적 인간상으로서 정(情)있는 인간 탐구」, 『윤리교육연구』 22, 한
　　국윤리교육학회, 2010, pp.131-156.

김응수, 「정(情)의 조직문화 개발의 필요성과 방향」, 『인터넷비즈니스연구』
　　10-2, 한국인터넷비즈니스학회, 2009, pp.31-50.

김태훈, 「한국 근대 불교의 민중적 성격 – 기복신앙을 중심으로 –」, 『한국종교』
　　32, 원광대학교 종교문제연구소, 2008, pp.87-115.

박현경, 「한국인의 정서와 에니어그램 – “정(情)”과 “한(恨)”의 에니어그램적 측
　　면에서의 조명」, 『에니어그램연구』 6-2, 한국에니어그램학회, 2009,
　　pp.105-131.

원준호, 「애국심의 대상, 요소, 현실성에 관한 숙고」, 『한국정치학회보』 37-3,
　　한국정치학회, 2003, pp.49-70.

丁堯燮, 「愛國心에 관한 硏究」, 『論文集』 11, 숙명여자대학교 경제연구소, 1982,
　　pp.19-92.

주경례, 「性理學에서의 孝의 位置 : 西銘의 敎育學的 解釋」, 충북대학교 교육대
　　학원, 2007.

최화인·배수호, 「일반논문 : 공직윤리와 충(忠)」, 『韓國行政學報』 49-3, 한국
　　행정학회, 2015, pp.1-24.

홍호선, 「大韓帝國末期 日帝의 敎科書 統制 要因에 관한 硏究」, 중앙대학교,
　　1995.

제11강

구보라, 「〈내 복(福)에 산다〉형(型) 설화에 나타난 복관념」, 울산대학교 대학원,
　　2010.

김성례, 「기복신앙의 윤리와 자본주의 문화」, 『宗敎硏究』 27, 한국종교학회,

2002, pp.61-86.

김양중, 「즐거워야 할 명절에 불안·초조·불면증까지」, 《한겨레》, 2015. 2.
　　18.

민영현, 「祈福信仰의 심층과 표층에 관한 연구」, 『大同哲學』 34, 大同哲學會,
　　2006, pp.27-54.

손영태, 「經濟 時系列에서 名節效果에 關한 硏究」, 동국대학교 석사논문, 1991.

안상석, 「"명절이 괴롭다" 명절 스트레스 분석」, 《데일리환경》, 2016. 1. 30.

최정호, 『복에 관한 담론 : 기복사상과 한국의 기층문화』, 돌베개, 2010.

┃ 박경우(朴慶禹)

　　현 세종사이버대학교 한국어학과 〈한국의 현대문화〉 강의 담당교수
　　현 연세대학교 학부대학 객원교수
　　현 연세대학교 언어정보연구원 전문연구원
　　전 중국 산동대학교 한국학대학 외국인교수
　　전 연세대학교 International Summer School / Winter Abroad at Yonsei 초빙교수

　　주요 저서
　　『별곡이란 무엇인가』
　　『고려가요 연구사의 쟁점』(공저)
　　『근대 기생의 문화와 예술(자료편1)』(공저)
　　『여헌 장현광의 학문세계2 : 자연과 인간』(공저)

┃ 조인옥(趙仁沃)

　　현 연세대학교 언어교육연구원 한국어학당 교수
　　현 연세대학교 한국어교사연수과정 담당교수

　　주요 저서
　　『대학 강의 수강을 위한 한국어 중급1 듣기』(공저)
　　『대학 강의 수강을 위한 한국어 중급1 말하기』(공저)
　　『대학 강의 수강을 위한 한국어 중급1 쓰기』(공저)
　　『대학 강의 수강을 위한 한국어 중급1 읽기』(공저)
　　『대학생활을 위한 한국어 중급1 듣기』(공저)
　　『대학생활을 위한 한국어 중급1 말하기』(공저)
　　『대학생활을 위한 한국어 중급1 쓰기』(공저)

외국인 학습자를 위한 한국문화교실

2016년 8월 1일 초판 1쇄 펴냄
2019년 8월 20일 초판 2쇄 펴냄

지은이 박경우·조인옥
펴낸이 김흥국
펴낸곳 도서출판 보고사

등록 1990년 12월 13일 제6-0429호
주소 경기도 파주시 회동길 337-15 2층
전화 031-955-9797(대표)
    02-922-5120~1(편집), 02-922-2246(영업)
팩스 02-922-6990
메일 kanapub3@naver.com / bogosabooks@naver.com
http://www.bogosabooks.co.kr

ISBN 979-11-5516-578-2   03300

ⓒ 박경우·조인옥, 2016

정가 12,000원